Peter Erlenwein

Angebrannt und kalt serviert

Peter Erlenwein

ANGEBRANNT UND KALT SERVIERT

Erlebnisse eines Küchenignoranten

Bibliografische Information der Deutschen Nationalbibliothek:
Die Deutsche Nationalbibliothek verzeichnet diese Publikation in der Deutschen
Nationalbibliografie; detaillierte bibliografische Daten sind im Internet über
http://dnb.dnb.de abrufbar.

© 2022 Peter Erlenwein

Zweite überarbeitete und ergänzte Ausgabe

Herstellung und Verlag: BoD – Books on Demand, Norderstedt

ISBN: 978-3-756834228

Für meine Freunde,

die dieses Buch ganz sicher nicht brauchen

INHALTSVERZEICHNIS

I

MAHLZEIT

... für Leser, die rasch zur Sache kommen wollen:

Sie haben von nix 'ne Ahnung, wollen oder müssen aber ganz schnell mal selbst etwas zum Essen zubereiten? O.k., machen wir's kurz: Falls Sie den Raum, der in Ihrem Wohnungsmiet- oder Kaufvertrag als Küche bezeichnet ist, bislang nur als Abstellraum wahrgenommen haben, vergessen Sie die kurze Begegnung mit diesem Buch - und „Tschüß"!

... für Leser mit Neugier und etwas Geduld:

Immer noch da? Das freut mich! Gucken Sie in's Inhaltsverzeichnis und verlassen Sie sich auf die Überschriften. Sollten Sie Abkürzungen nicht verstehen, schauen Sie unter „Fakten und Daten" nach, dort ist fast alles erklärt.

Dieses Buch ist weder Rezepte-Sammlung noch Kochbuch. Es will auch nicht belehren. Es erzählt selbst erlebte oder erfahrene Geschichtchen und Anekdoten rund ums Essen.

Was der Mensch ißt, wie er die ihm verfügbaren Rohstoffe zubereitet und mit welchen Zutaten er sie versieht, entzieht sich jeder Dogmatik. Jedes Dorf, jede Region auf unserem Planeten ernährte sich ursprünglich von dem, was ihnen jeweils nah' verfügbar war.

Daraus hat sich bis in unsere Zeit eine schier unendliche Vielfalt der Auf- und Zubereitung tierischer und pflanzlicher Nahrungsmittel entwickelt. Es wäre schön, wenn wir sie uns erhalten könnten.

Was verwendet und wie es zubereitet wird, das "receptum (lat.)", ist weder Imperativ, noch Dogma. Jeder Mensch hat seine eigenen Vorlieben für Gemüse, Fleisch, Fisch und Gewürze. In der Art der Zubereitung macht er eigene Erfahrungen, ganz gleich, ob er kocht oder kochen läßt. In diesem Buch wurde daher an Stelle des Wortes "Rezept" die liberalere Bezeichnung "Variation" (der dominierenden Zutat) verwendet. Apropos Vorlieben: Beschrieben werden nur Gerichte, die ich selbst gerne esse!

Diese Variationen einmal auszuprobieren und sie dann hemmungslos zu ändern, sie an die eigenen Vorlieben anzupassen, wär' meine Idee von der Nutzung dieses Buches.

Finden Sie es auch bemerkenswert, wie nachhaltig präsent uns geschmackliche Erinnerungen sind? In Frankreich hat vor über hundert Jahren ein erwachsener Mann eine Madeleine in seinen Tee getunkt. Als er sie in den Mund nahm, löste ihr Geschmack Erinnerungen aus, denen wir einen der schönsten Romane der Weltliteratur verdanken.

Meine eigenen Erinnerungen rühren her aus meiner Kinder- und Jugendzeit im Nachkriegs-Berlin und einem kleinen Dorf in der Nieder-Lausitz. Leider habe ich nur den Geschmack behalten, nicht aber die Rezepte, die ihn bewirkten. Anderes habe ich von Reisen mitgebracht und aus Einladungen zum Essen bei Freunden und Bekannten. Wieder andere stammen aus allgemein zugänglichen Berichten, die ich ausprobiert und meinem Geschmack angepaßt habe, sowie aus Gesprächen mit professionell kochenden Menschen.

Lernen ist kein Kunststück, falls man für Neues, auch Anderes offen ist - und den Mund zum Fragen aufbekommt. Lesen zu können, ist kein Nachteil; Freunde zu haben, die selbst kochen, ein großer Vorteil. Dennoch war 'Kochen' in meinen Gesprächen immer nur Randthema. Ehrlich!

Kulinarische Extravaganzen und exotische Zutaten sind nicht mein Ding. Sollte mir hier und da doch eine solch' fremd klingende Zutat untergekommen sein, ist sie im nächstliegenden Asia-Laden zu finden.

Typen wie mich gibt's zuhauf; sie haben von nix in der Küche eine Ahnung, lassen sogar das Kaffeewasser anbrennen. Mit dem Beginn einer gleichberechtigten Partnerschaft, vulgo: Ehe, entwickeln sie aber den Ehrgeiz, die nebenberuflich anfallenden Arbeiten fair mit der Partnerin zu teilen. In eben dieser Situation durfte ich wählen. Putzen und Waschen wollte ich nicht, also habe ich mir "Küche komplett" ausgesucht: Einkaufen, Kochen, Abwaschen und Küche sauberhalten.

Zubereitete Speisen nennt man Gerichte, weil über das, was man da ´angerichtet´ hat, gerichtet wird. Das hab' ich mir so zurecht gereimt, vielleicht stimmt's ja sogar. Zu Beginn meiner Kochversuche habe ich mit den gekauften Lebensmitteln Schlimmes angerichtet. Ich kann von Glück sagen, daß mich meine Frau, ob der versalzenen, überwürzten, faden oder schlicht matschigen 'Gerichte', nicht wegen Körperverletzung vor Gericht zitierte.

Zunächst gab's gerade noch eßbares Standardgekochtes; stur nach Rezepten zubereitet, verstanden hatte ich nichts. Allmählich aber wurde das Zeug genießbarer. Learning by doing!

Schon als Kind und Jugendlicher hatte ich eine Vorliebe für Eintöpfe in allen möglichen Variationen. Irgendwann gelangen die Nachkochversuche zunehmend besser. "Was stinkt denn hier so gut?", war das erste Lob meiner Frau nach mehreren Monaten meiner Kochversuche. Zuvor hatte sie schweigend gelöffelt und gelitten.

Schließlich bekam das Kochen einen eigenen, kleinen Stellenwert als entspannende und kreative Freizeitbeschäftigung. Damit stiegen aber auch die Ansprüche. Und sofort häuften sich die Mißerfolge! Woran lag´s?

Dem Naturwissenschaftler und Heimwerker war evident, daß auch in der Küche professionelles Gerät und Kenntnisse über dessen Handhabung und Pflege unverzichtbar sind.

Sein Mangel an trivialsten Kenntnissen dieser Art aber war eklatant. Mit dubiosen Mengenangaben für Gewürze (eine Prise, ein dash) und der für ihn absolut unbrauchbaren Anweisung: "... abschmecken mit ..." begann der Frust – und Ärger.

Was, zum Kuckuck, soll das heißen? Handelt es sich hier um einen Übertragungsfehler? War nicht gemeint, daß man den Finger in die Suppe tauchen und ihn dann "abschlecken" sollte?

Im Ernst: Abschmecken bedeutet, den Löffel ins Gericht zu tauchen und dann von ihm zu kosten. Dann Nachwürzen und wieder kosten. Doch schon beim zweiten Kosten mit demselben Löffel überträgt dies die Mundbakterien des Kochs in das Gericht. Unabhängig vom hygienischen Aspekt reduziert es die Haltbarkeit praktisch auf "sofort verzehren".

In keinem meiner damaligen Kochbücher fand ich darauf einen Hinweis. Angehende Naturwissenschaftler gehören offenbar nicht zur Zielgruppe der Autoren.

Weshalb gerieten mir Spiegeleier manchmal exzellent und dann wieder so schlecht, daß ich sie am liebsten wegschüttet hätte? Weshalb wurden die Braten manchmal würzig, saftig und fest und dann wieder laberig und pappig? Weshalb gelang das Gemüse manchmal knackig und bissig und war dann wieder schlaff und fad?

Nach der Lektüre einer respektablen Sammlung von Kochbüchern (respektabel hinsichtlich der Anzahl, nicht aber der Qualität) wuchs die Erkenntnis, daß sie zur Lösung meiner Küchenprobleme nichts beitrugen.

Besonders ärgerlich fand ich, daß diese Bücher alle möglichen Rezepte unter immer anderen Titeln fast ohne weitergehende Empfehlungen wiederholen.

Die Probe aufs Exempel ist einfach: Angenommen, man verfügt über mehrere Kochbücher. Man suche sich ein möglichst gängiges Gericht heraus und vergleiche die jeweils beschriebenen Rezepte miteinander. Der Unterschied ist meist marginal und beschränkt sich oft nur auf die verwendeten Gewürze. Die

Beschreibung der Zubereitungsart ist meist hingeschludert. Frustrierende Ergebnisse sind damit vorprogrammiert.

Worauf ein Laie wirklich achten muß, wird in kaum einem Buch erläutert. Dies gilt nach meiner Erfahrung auch für teure Hochglanz-Ausgaben.

Eine Ausnahme hiervon bilden alte Kochbücher (etwa vom Anfang des 20. Jahrhunderts). Davon besitze ich eins /DAV/ und hatte mit ihm immer wieder Erfolgserlebnisse durch das Befolgen der detaillierten und präzisen Anweisungen. Auch Kochbücher aus der Zeit kurz nach dem Ende des zweiten Weltkriegs sind nützliche Ratgeber. Das meiste Andere aber ist, aus meiner Sicht, überwiegend hochstilisierter Nonsens und nicht zu gebrauchen.

Wirklichen Gewinn und Erfolgserlebnisse brachten mir neben den erwähnten Titeln insbesondere die Bücher von Hervé This-(Benckhard), einem französischen Physiko-Chemiker. Er beschreibt verständlich und nachvollziehbar, was Kochen in chemischer oder physikalischer Hinsicht bedeutet /TB1/ und wie man sich dieses Verständnis tagtäglich in der Küche zunutze machen kann /TB2/. This-Benckhard ist ein begnadeter Kommunikator, einer der seltenen Übersetzer und Vermittler von Wissenschaft in tägliches Leben.

Am stärksten geprägt aber wurden meine Vorlieben durch die Ferienaufenthalte in meiner Jugendzeit in Lindow. Was ich dort geschmeckt, gesehen, erlebt und gelernt habe, sind dauerhafte Eindrücke. Der Kontrast zwischen Dorf und Großstadt war, rückblickend gewertet, ein unschätzbarer Gewinn für mich - für das Sonntagskind.

Eigentlich wollte ich nur ein paar Ratschläge für meinen Sohn aufschreiben, der seine erste eigene Wohnung bezog und die Küche mangels Eigenbedarf am besten untervermietet hätte. Was aus diesen paar Ratschlägen geworden ist, liegt vor Ihnen.

WERKZEUGE UND LEBENSMITTEL-VORRÄTE

Was sollte man wissen, wenn man alltägliche Gerichte schmackhaft zubereiten will?

Geeignetes Handwerkszeug sollte man haben und es zu nutzen wissen. Dessen (evtl. teure) Anschaffung ist allerdings erst dann sinnvoll, wenn man sich sicher ist, daß Kochen zum Hobby geworden ist. Gutes Werkzeug ist grundsätzlich unabhängig von seinem Verwendungsbereich, aber immer die Voraussetzung für qualitativ hochwertige Arbeiten.

Elementare Grundkenntnisse darüber, was in Topf oder Pfanne geschieht und wie sich Lebensmittel bei ihrer Zubereitung verhalten bzw. verändern, sind vonnöten. Die findet man problemlos im Internet oder bekommt sie auf YouTube vorgeführt; ein spezielles Buch ist unnötig.

Ist das Kochen aber erst zum Vergnügen geworden, freut man sich über Gleichgesinnte. Wie ich mich über Sie. Oder weswegen haben Sie dieses Buch sonst gekauft?

Auch Kochen ist zunächst Handwerk. Wer selten kocht, braucht, um gut und schmackhaft zu kochen und zu braten, kein teures Gerät, es reicht das Billig-Produkt aus dem Warenhaus. Allerdings verlangen solche Produkte hohe Aufmerksamkeit und ständige Präsenz in der Küche, denn auf Überschreitung ihrer engen Gebrauchs-Grenzwerte reagieren sie sehr unangenehm. Dem gegenüber verhalten sich professionelle Geräte wesentlich fehlertoleranter.

Nach vielen Fehlern und unnötigen Ausgaben hatte auch ich begriffen: Handwerk mit qualitativ minderwertigem Werkzeug ist meist frustrierende Plackerei. Mit hochwertigem Gerät dagegen kann es ein wahres Vergnügen sein. Geht dennoch ein Gericht daneben, weiß man wenigstens, woran es *nicht* lag.

Herd

Zum Kochen braucht's viel Wärme, Hitze genannt. Ob die Hitze vor zehntausend Jahren vom zufällig durch einen Blitz entzündetem Holz geliefert wurde, oder heute durch das Einschalten des Herdes oder der Mikrowelle, macht hinsichtlich der Garung der verzehrbaren Rohstoffe keinen Unterschied.

Auch heute noch gibt es vielfältige Varianten von Hitzequellen für das Kochen: Lagerfeuer und Holzkohlegrill im sozialen Spaßbereich und Gas- bzw. Elektroherde unterschiedlichster Technik im Alltag. Nicht zu vergessen auch die oft geschmähte und vielfach unterschätzte Mikrowelle.

Profis kochen auf Gas. Ich hatte nie einen Gasherd, sondern immer Elektroherde: zuerst einen mit den üblichen Kochplatten, dann einen mit CERAN-Feldern. Auf diesen Herden habe ich meine Erfahrungen gesammelt. Eine dieser Erfahrungen ist, daß man auf einem CERAN-Feld die Töpfe niemals verschieben darf, sondern sie umsetzen muß. Das hatte mir niemand gesagt und dementsprechend sieht das Kochfeld heute aus. Nicht nur deswegen habe ich einen Wechsel geplant, den zum induktiven Heizen.

Messer

Messer (germ.: matizsaha - im Stein versteckt; steinzeitlicher Ursprung) in hochwertiger Qualität sind in der Küche unverzichtbar. Klinge und Griff sollten aus besten Materialien gefertigt, handgerecht geformt und von schwerer Qualität sein. Messer verdienen ihren Namen nur, wenn sie „rattenscharf" sind. Mein Bestand:

1 Haushaltsmesser, 1 Brotmesser, 3 Buckelsmesser
1 Messer zum Entbeinen mit schmaler Klinge

1   Messer mit zur Spitze hochgerundeter Klinge für die
    Zubereitung von Kleingeschnittenem
1   Geflügelschere

Ein Tipp, der sich auszahlt: hochwertige Messer sollten mit Respekt behandelt werden. Hat man auf einem Holz- oder Kunststoffbrett etwas kleingeschnitten, streift man es fast unweigerlich mit der Messerklinge nach unten vom Brett in den Topf. Das tut der "rattenscharfen" Schneide gar nicht gut! Besser ist es, das Kleingeschnittene mit dem Messerrücken vom Brett zu streifen. Dasselbe gilt auch für das Schaben von z.B. Mohrrüben!

Pfannen und Töpfe

Über die besten Materialien für Töpfe und Pfannen (griech.: patana - flache Schüssel) läßt sich lange philosophieren. Für mich hat sich die schwere Qualität aus modernem Gußeisen (STAUB, LE CREUSET) als die beste erwiesen. Sie hat den Vorteil einer fast gleichmäßigen Wärmeverteilung über den Boden und die Wand des Gefäßes und ist durch die, aufgrund ihres Gewichtes vergleichsweise fest schließenden Deckel für ‚sanfteres' Kochen und Schmoren optimal geeignet. Da auch die Griffe aus Eisen sind, kann man die Behältnisse bei Bedarf auch in den Backofen geben. Ein kleiner Nachteil ist allerdings, daß man immer Topflappen bereit halten muß.

Mein Bestand:
1 großer ovaler Bräter mit Deckel (Längsachse 40 cm) aus
  Gußeisen
1 mittlerer Topf aus Gußeisen (20 cm)
1 Kasserolle aus Edelstahl (15 cm)
1 große, hohe Pfanne mit Deckel (30 cm) aus Gußeisen

1 große, flache Pfanne (30 cm) aus Gußeisen
1 kleine Pfanne (15 cm) aus Gußeisen

Hilfsgeräte
- Küchenwaage, Erlenmeyerkolben 250 ml
- Kartoffelschäler, Spargelschäler, Kernausstecher (Äpfel)
- Schneckenzange
- stabile Knoblauchpresse (Puristen werden Knoblauch
  nie zerquetschen, sondern ihn fein hacken)
- breite Holzspatel
- Pfeffer- und Salzmühlen (die massiven Geräte von
  PEUGEOT sind eine lohnenswerte Anschaffung für Ge-
  nerationen)
- eine scharfe Reibe

Lebensmittel-Vorräte

Jetzt wird's prinzipiell. Meine Vorräte sind absolut unideolo-
gisch zusammengestellt. Für Prepper wie auch jeden anderen
Fundamental-Pessimisten ist das Folgende irrelevant. Bei jeder
Art von Endzeit-Szenario wären Vorräte ein ohnehin nur gering-
fügiger Zeitgewinn.

Woher soll ich heute wissen, worauf ich übermorgen Appetit
habe? Eben! Ungeduld ist die Schwester der Kreativität. Und ohnehin ist gerade Sonntag und alle Geschäfte sind geschlossen.
Was also ist im Kühlschrank und in den Schränken zu finden?

frisch:
Kartoffeln
Zwiebeln
Tomaten
Sellerie (Knolle oder Staude)
Porree
Milch, Eier

Fette und Öle (haltbar 1-2 Monate)
Butter
Butterschmalz
Olivenöl extra vergine
Traubenkernöl

Essig
Weinessig (Aceto balsamico tradizionale)

trocken
Pasta verschiedenster Art
Langkornreis (Basmati)
Bohnen, weiß
Linsen
getrocknete Pilze (Pfifferlinge, Steinpilze, chinesische Pilze)
Gewürze

Konserven
Tomaten in Püree
Tomatenmark in der Tube (dreifach konzentriert)
Champignons, Mohrrüben
Erbsen, grüne Bohnen
Rosenkohl, Rotkohl
Sauerkraut
Meerrettich in der Tube

Fonds
Fisch, Rind, Wild, Lamm, Gemüse, Geflügel

tiefgekühlt
Rind-, Lamm- und Geflügelfilet
Gehacktes vom Rind
Fischfilets, Shrimps, Meeresfrüchte
magerer und durchwachsener Speck (geräuchert und frisch)

TISCHGEBRÄUCHE

Menschen sind soziale Wesen. Für ihre Entwicklung zu Gemeinschaften waren die Entwicklung und Beachtung von Regeln Voraussetzung. Deren wichtigste ist die der Rücksichtnahme auf den Nachbarn. Vernunft, gesunder Menschenverstand und Empathie sind dafür völlig ausreichend. Diese Grundwahrheit ist jedem Kind erklär- und vermittelbar. Als Nebeneffekt ergeben sich aus ihr fast alle vernünftigen Tischgebräuche oder, allgemeiner, die des „guten Benehmens".

Es gibt eine Unzahl von Regeln. Für fast alle gab es zur Zeit ihrer Entstehung vernünftige, d.h. nachvollziehbare Begründungen. Ob diese aber heute noch stichhaltig sind, sollte man jeweils prüfen.

So sind z.B. Besteckregeln aufgrund von Materialeigenschaften heute nicht mehr relevant. Modeerscheinungen, deren Beachtung schon immer fragwürdig war, sind längst sinnentleert. Ihre Beachtung (z.B. Serviette niemals im Kragen) grenzt in unserer Zeit an Dummheit.

Eine Regel, deren Sinn nicht offensichtlich und nachvollziehbar ist, braucht nicht beachtet zu werden.

Dennoch gibt es ein paar einfache Grundsätze, deren Beachtung unser Miteinander freundlicher machen kann.

Große Tafel

Links und rechts Nachbarn, sehr nahe. Jetzt gilt es, die Ellenbogen bei sich zu behalten. Um dies zu lernen, klemmte mir meine Mutter links und rechts je ein Buch unter die Achseln und ließ mich dann mit Messer und Gabel essen. Fiel das Buch herunter, lachte sie: „Siehste?!"

Bemerkens- und beachtenswert

Was man selbst als abstoßend empfindet, sollte man auch anderen nicht zumuten: Schlürfen, Schmatzen, Rülpsen und Furzen wird in unseren Breiten allgemein nicht als Höflichkeitsbezeigung, sondern als eklig empfunden (in anderen Ländern kann das aber ganz anders bewertet werden).

Fleischfasern zwischen den Zähnen sind ungemein störend. Aber mit dem Zahnstocher hinter ,dezent' vorgehaltener Hand zu operieren, mit der Zunge zu zutzeln oder gar mit dem Finger im halb offenen Mund zu puhlen, sind allesamt Belästigungen der zwangsläufig zuschauen müssenden Mitmenschen am Tisch. Ein Gang in den Waschraum wäre hier angemessen.

Mit vollem Mund spricht man nicht! Noch heute habe ich diesen Satz meiner Mutter im Ohr. Sie hatte recht. Kauend, dabei mit zwangsläufig geöffnetem Mund weitersprechend, demonstriert der Mensch eindrucksvoll die erste Phase seines Verdauungsprozesses. Der Brei der zerkauten Speise wird gut sichtbar für den Zuhörer von der Zunge hin und her gedrückt, je nachdem, welcher Vokal oder Konsonant zu betonen ist. Dabei werden zur Unterstützung des manchmal kaum Verständlichen Gabel und Messer deutend und gestikulierend gegen den Zuhörenden gestoßen, der sich vergebens bemüht, diesem wenig appetitlichen Anblick zu entgehen.

Zu viel gegessen? Gürtel zu eng? Den Gürtel am Tisch zu öffnen gelingt, anders als man meint, kaum jemals unauffällig. Diese Unsitte ist ähnlich der, im Strand-Restaurant die Suppe 'oben ohne' zu löffeln. Sollte ich diesen Anblick jetzt alters- und/oder geschlechtsspezifisch ausmalen?

Ob man immer beide Hände auf dem Tisch halten soll, ist abhängig davon, in welchem Kulturkreis man sich befindet. In Zeiten ohne aus der Wand fließenden Wassers versuchte man, eine Hand sauber zu halten; schließlich aß man meist noch ohne Besteck. Die unreine Hand hielt man unter dem Tisch, um nicht versehentlich mit ihr das Brot anzufassen. Fremde Länder, fremde Sitten. Sich vorher zu informieren, erspart Peinlichkeiten.

Das Zerteilen eines Fisches endet leider oft in schlimmem Gemansche. Dabei ist es sehr einfach, einen Fisch zu filetieren. Man muß nur ein einziges Mal jemandem, der es kann, aufmerksam zusehen. Das dauert nicht länger als 2 Minuten. Dieser Jemand findet sich immer.

Geflügelknochen darf man in die Hand nehmen. Weshalb nur sie, habe ich noch nicht rausgekriegt. Bis auf weiteres nehme ich also auch Kotelett-Knochen in die Hand.

Minimalismus-Prinzip: Falls man ein Gericht auch ohne Messer essen kann, sollte man auch keins benutzen.

Spaghetti werden am Tellerrand mit der Gabel aufgedreht und in Gabelportionen gegessen. Einen Löffel braucht man dazu nicht. Vernehmliches Reinschlürfen kommt nicht gut an.

Unwichtig, aber gut zu Wissen

Die in Deutschland übliche Speisenfolge ist Suppe, Hauptgericht, Salat/ Dessert. Wie vieles in unserem Leben, ist auch dies heute nicht mehr sachlich begründbar. Die Suppe vor der eigentlichen Mahlzeit zu nehmen, wurde als typisch deutsche Sitte (alla tedesca), schon in venezianischen Kochbüchern des 16. Jahrhunderts als Besonderheit verzeichnet. In China dagegen schließt die Suppe die Tafel ab.

In Frankreich wird, anders als in Deutschland, der Salat als erster Gang serviert. Eine Sitte, die mir einleuchtet und sehr sympathisch ist. Der Salat dämpft die "Gefräßigkeit" und führt unauffällig zu vernünftigem Mengenkonsum.

Ob man sich vor dem Schluck aus dem Weinglas mit der Serviette den fetten Bratensaft von den Lippen wischt, ist nicht nur eine Frage der Ästhetik (Fettrand am Glas) sondern auch eine Frage des Geschmacks am Wein.

Mit heutigem Besteck, überwiegend aus Edelstahl, haben alle Regeln, die sich auf die Verwendung bestimmter Besteck-

Materialien beziehen, ihren Sinn verloren. Wer allerdings seine Frühstückseier mit einem versilberten Löffel zu essen versucht, wird diesen Versuch sehr rasch bereuen. Die Chemie kennt keine Mode und Schwefelwasserstoff stinkt und schmeckt widerlich.

Servietten darf man sich nicht in den Kragen stecken: Früher trug der Mann von Stand ein kunstvoll gefältelt-aufgebauschtes Jabot, eine Serviette hätte das Jabot plattgedrückt. Heute gibt's keine Jabots mehr und Spaghetti Bolognese zu essen ist (nach eigenen, zigfachen Erfahrungen) deutlich folgenärmer, wenn man sich die Serviette in den Kragen steckt.

Wer's mag oder nicht lassen kann, soll ruhig den kleinen Finger von der Tasse abspreizen. „Boofkes" nannte meine Mutter diese „Spreizmenschen". Aber was soll's? Jedem Tierchen sein Plaisirchen.

Suppenteller darf man nicht kippen. Wieso eigentlich nicht? Ich tu´s jedenfalls; es müssen ja nicht gleich 45° sein. Eine gute Freundin hat mir geraten, den Teller nach vorn zu kippen. Welch' ein kluger Ratschlag!

Fingerschalen (gibt's heute nur noch selten) aus Glas, Porzellan oder Silber werden gereicht, wenn man Speisen bestellt, die man mit den Fingern ißt, zum Beispiel Krebse, Austern oder Artischocken. Sie werden mit dem entsprechenden Gang serviert und stehen links vom Platzteller. Die Schalen enthalten lauwarmes Wasser, meist mit einer Zitronenscheibe oder einem Minzenblatt dekoriert.

Regeln; nicht selbsterklärend

Die Serviette wird vor dem Essen einmal zu einem Rechteck gefaltet und auf den Schoß gelegt, jedoch erst dann, wenn der Gastgeber nach seiner Serviette greift und damit das Essen eröffnet. Sie dient in erster Linie dazu, sich vor dem Trinken die Lippen abzutupfen, um Speise- und Fettränder an den Gläsern zu vermeiden. Auch zum Abwischen des Mundes während des Essens benutzt man die obenliegende Hälfte der Serviette und legt sie anschließend wieder auf den Schoß. Die unten liegende Hälfte der Serviette bleibt damit zum Schutz der Kleidung sauber.

Nach der Mahlzeit wird die Serviette entgegen ihrem Original-kniff gefaltet, um die Flecken nach innen zu verdecken, und links neben dem Teller abgelegt. Papierservietten kann man auch auf den leeren Teller legen, aber nicht zusammengeknüllt in die Speisereste.

Welches Glas paßt zu welchem Getränk? Die Antwort auf diese Frage treibt im Wesentlichen die Hersteller von Trinkgläsern um. Es gibt Gläser, aus denen man alles trinken kann und aus denen auch alles schmeckt. Pappbecher allerdings gehören zu den dümmsten Produkten unserer Zeit. Aus ihnen kann man alles trinken und alles schmeckt gleich schlecht. Für Plastikbecher gilt dasselbe, aber zusätzlich sind sie noch extreme Umwelt-Schädlinge. Zum Überleben ist es einfacher, direkt aus der Flasche zu trinken.

Eßtisch

Das Besteck sollte groß und schwer sein; nur so liegt es gut in der Hand und läßt sich auch bequem benutzen.

Bestecke werden von außen nach innen in der Reihenfolge der Gänge gelegt (keine „Querlöffel"; z.B. für Dessert). Die Gabeln mit den Zinkenspitzen nach unten zu legen, ist aus hygienischen Gründen sinnvoll.

Selbstverständlich darf man mit unterschiedlichem Geschirr eindecken (z.B. falls das vorhandene Service nicht für alle Gäste reicht). Nicht die Teller sind wichtig, sondern das, was sie tragen.

Es gibt eine Bestecksprache. Demnach bedeutet ein mit den Spitzen gekreuztes Besteck, daß der Gast noch nicht fertig ist oder gerne noch einen Nachschlag hätte. Liegen Messer und Gabel parallel nebeneinander (die Schneide des Messers zur Gabel), so bedeutet dies, daß das Essen beendet ist. Gekreuzt bedeutet, daß man nur eine Pause einlegt.

Soll man das kalte Abendbrot mit Messer und Gabel essen oder darf man es in die Hand nehmen? Messer und Gabel find' ich bequemer. Schon mal mit dem Schinken gekämpft und dabei die ganze Scheibe auf einmal verschlungen?

Mit den Händen darf (soll) man essen:
Geflügel
Brot brechen und Brot als „Schieberchen"
Krebse, Hummer
Artischocken

„Would you like some salt?" Als ich diese Frage in einem Restaurant in Dover zum erstenmal hörte, antwortete ich höflich: "No, thank you." Weshalb sich der Fragende daraufhin kopfschüttelnd abwandte, war mir unerklärlich. Die Frage war keine Frage, sondern die Bitte um das Zureichen des Salzstreuers. Der folgt man wortlos. Fremde Länder, fremde Sitten.

Man beginnt zu essen, wenn die Hausfrau beginnt. Damit aufhören sollte man, wenn es der Hausherr tut. Ein höflicher Gastgeber wird also immer als letzter fertig. Heute scheint mir diese Regel nicht mehr angemessen, doch würde ich nicht noch lange weiteressen, nachdem der letzte Tischgenosse sein Besteck parallel legt.

Getränke

Zum ersten Schluck fordert immer derjenige auf, der eingeladen hat. Das Glas sollte stets am Stiel gehalten werden. Es klingt beim Anstoßen besser und man vermeidet unerwünschtes Erwärmen des Getränks durch die Handwärme.

Beim Anstoßen sollte man sich in die Augen sehen. Weshalb? Keine Ahnung, aber ich habe diesen Brauch (fast) immer als angenehm empfunden.

Aperitifs, wie Portwein oder Sherry, werden als appetitanregende Getränke gereicht. Hat das Essen begonnen, werden sie nicht mehr getrunken.

Wird die Weinsorte gewechselt, sollte man vom vorher servierten Wein nicht mehr trinken. Wenn das Glas noch gefüllt ist, kann man es einfach stehen lassen. Allerdings wird es jeder Gastgeber respektieren, wenn man lieber bei einer Sorte bleiben will.

Und was sagte Aristoteles?
"Biertrinker kippen nur nach hinten. Weintrinker nach allen Seiten".

Schließlich noch eine elementare Erfahrung, vielfach bewährt: Man geht in ein unbekanntes Restaurant, um zu essen. Bevor man die Karte studiert, sollte man die Toilette aufsuchen. Toiletten sind viel einfacher hygienisch sauberzuhalten als Küchen. Wenn also schon die Toilette nicht makellos sauber ist, wie mag's dann erst in der Küche aussehen? Die Seife zum Händewaschen sollte geruchlos sein! Weshalb? Man wasche sich die Hände mit Kernseife und esse dann, zum Beispiel, Spargel!

Die obige Schlußfolgerung ist natürlich nicht umkehrbar:

Selbst wenn die Toilette vor Sauberkeit blinkt und die Seife absolut geruchlos ist, kann die Küche dennoch ein Saustall sein. Umgedreht aber ist sie es mit Sicherheit.

Fazit: schmuddelige Toilette = raus aus dem Haus!

EINFACH, SCHNELL UND MÖGLICHST BILLIG

In der Zeit zwischen Schule und Beruf waren dies die einzigen Kriterien, die zählten.

Bei den meisten Gerichten waren Eier die Hauptzutat. Eier mochte ich schon als Kind und bei schmalem Etat belasten sie auch das Portemonnaie des Erwachsenen nicht sehr. Als Kinder klopften wir zu Ostern unsere hartgekochten Eier aneinander. Wessen Ei heil blieb, der bekam das angeknackste Ei des Gegners. „Eier picken" hieß das. In diesem Spiel war ich wirklich gut! Mindestens zehn hartgekochte Eier konnte ich an einem Tag verdrücken, ohne daß mir schlecht wurde. Meine Oma hielt das für ein mittleres Wunder.

Später variierte ich immerhin zwischen gerührten oder 'gespiegelten' Eiern. Alle kamen in die Pfanne, in zerlassene Margarine, wurden gesalzen und gepfeffert.

Eier-Tips

Falls man unterscheiden muß zwischen rohen und gekochten Eiern, läßt man das fragliche Ei auf der Tischplatte kreisen. Dreht es sich ruhig um die eigene Achse, ist es gekocht. Wackelt und kreist es schlecht, ist es noch roh.

Das gekochte Ei ist eine kompakte Einheit. Das rohe Ei dagegen besteht aus seiner Schale und dem flüssigen Inneren. Beim Drehen wird die Schale unmittelbar beschleunigt, während das Innere, dem Trägheitsgesetz folgend, zunächst ruhend verbleibt. Erst durch nach und nach übertragene Reibungskräfte wird auch das Ei-Innere in Bewegung versetzt.

Angeknackste Eier kochen? Kein Problem, wenn man etwas Essig in das Kochwasser gibt. Das verhindert das Auslaufen des Eiweiß'.

Brät man ein Spiegelei, wird der dünne Rand oft schon schwarz, während es rund um den Dotter noch ‚glibberig' ist. Die

Kochchemie verrät uns, daß das Eiklar bei niedrigeren Temperaturen rascher gart, wenn man es salzt. Salzt man also gezielt so nah wie möglich am Dotter, bekommt man ein gleichmäßig gebratenes Ei. Vor dem Kochen sollte man Eier am *stumpfen* Ende anstechen, dann platzen sie beim Kochen nicht.

Eier hartkochen: Angestochene Eier in einen Topf mit kaltem Wasser legen. Aufkochen lassen. Die Kochzeit sollte 10 min nicht überschreiten, um die Bildung von schwefligen Verbindungen (z.B. H_2S) zu vermeiden. Dann 15 min zugedeckt stehen lassen.

Geröstetes Brot

Leerer Magen aber keine Zeit und auf dicke Stulle keinen Bock? Etwas zu essen wär' aber schon gut? Kein Problem. Es ist alles nur geklaut ...! Bruschetta oder Crostini heißt's in den Rezepten. Wichtig ist aber nur das Prinzip.

Zutaten:
- Brot, Schrippen, Baguette, ganz egal
- Olivenöl bester Qualität
- Tomaten, gehackt (Dose)
- Basilikum (trocken ist gut, frisch und gehackt besser)
- Knoblauch (s. Seite 117)

Zubereitung:
Backware in daumendicke Scheiben schneiden.
Tomaten in Sieb geben (Saft aufheben)
Tomatenstücke mit Knoblauch und Basilikum vermengen
Olivenöl in der Pfanne erhitzen (Herd 50 %)

Backscheiben in die Pfanne legen und von beiden Seiten hellbraun anrösten. Scheiben herausnehmen und mit Tomaten belegen.

Rührei/Omelett mit Tomaten

Rührei: Butter in die heiße Pfanne, die Eier reinhauen und mit der Gabel kräftig rühren; heißt ja schließlich Rührei! Oder?

Omelett: Die Eier nur zermanschen und dann ohne zu rühren stocken lassen.

Ode möchte man etwas Besseres als Eiergemansche essen? Dann muß man sich schon etwas Mühe geben.

Zubehör für beide: große Pfanne, Holzspatel

Zutaten für beide Zubereitungsarten
2	Tomaten (groß)
2	Frühlingszwiebeln (Schalotte)
½	Bund glatte Petersilie
6	Eier (groß)
1 El	Butter, gesalzen
2 El	Sonnenblumenöl
½ Tl	Pfeffer
	Tabasco und Worchestersauce nach Geschmack

Vorbereitung für beide:
Eier: Eine Untertasse o.ä. bereitstellen. Die Eier mit einem Messer sanft, aber nachdrücklich anschlagen. Die Eier senkrecht über die Untertasse halten und die Hälften voneinander trennen.

Ein Teil des Eiweiß' läuft auf die Untertasse. Durch wiederholtes Wechseln des Dotters von der einen in die andere Schalenhälfte trennt man alles Eiweiß von Dotter. Die einzige kleine Schwierigkeit besteht darin, den Dotter unverletzt zu halten. Das ist viel einfacher, als es sich hier liest.

Das Eiweiß salzen und mit einer Gabel verquirlen. Das Eigelb mit Öl und wenigen Spritzern Tabasco und Worchestersauce vermengen (zu teuer? Geht auch mit Salz und Pfeffer). Die beiden Ei-Fraktionen zusammenmischen.

Tomatenschale kreuzweise dünn einschneiden und die Tomaten ca. 30 sec in kochendem Wasser blanchieren. Haut abziehen, entkernen und kleinschneiden. Frühlingzwiebeln in dünne Scheiben schneiden, Petersilie kleinhacken.

Rührei: 1 Eßlöffel Butter in der Pfanne bei Stufe 50% erhitzen. Eine kleingeschnittene Frühlingszwiebel zugeben und in ca. 2 Minuten bei offenem Deckel dünsten. Tomaten dazugeben, kurz mitdünsten. Auf 25% herunterschalten. Die restlichen Frühlingszwiebeln, die Petersilie und die Eimasse zugeben. Die sich verfestigende Masse mit dem Holzspatel flächendeckend vom Pfannenboden abheben und ständig wenden.

Wenn die Masse eben noch ‚feucht glänzt', Pfanne vom Herd nehmen. Mit Salz und frisch gemahlenem weißen Pfeffer würzen und servieren.

Omelett: Keine Angst vor der Omelett-Variante. Sie klingt nur in der Beschreibung schwierig, geht aber, gutes Werkzeug vorausgesetzt, leicht von der Hand.

Ein Eßlöffel Butter bei 50% Hitze in der Pfanne schmelzen. Tomaten, Frühlingszwiebeln und Petersilie etwa 2 min bei geschlossenem Deckel dünsten. Aus der Pfanne heben und beiseite stellen.

Herd auf 30% herunterschalten. Falls die Pfanne zu trocken ist, etwas Butter zugeben. Das Eigemisch vorsichtig in die Pfanne fließen lassen, nur wenige Millimeter dick und stocken lassen. Mit dem Holzspatel halbseitig abheben und umklappen. Eigemisch für die nächste Schicht in die Pfanne fließen lassen. Die erste dabei etwas anheben und leicht schwenken, damit die zweite Schicht sich auch unten mit der ersten verbinden kann. Und so weiter, bis alles Eigemenge verbraucht ist. Jetzt das Gemüsegemisch auf das Omelett geben, den Deckel aufsetzen, den Herd abschalten und etwa 3 Minuten warten. Omelett teilen, auf die Teller gleiten lassen und servieren. Das ist leider nicht einfach, muß man öfter probieren!

Rührei mit Shrimps

„Papa, Krabbenpuhlen ist doof!" Recht hatte er, mein Sohn, 10 Jahre klug. Familien-Sommerurlaub auf Sylt. Am Hafen von List gab's fangfrische Krabben. Selberpuhlen war angesagt. Die Portion auf dem Teller erschien mächtig groß.

Krabbe puhlen, Krabbe essen? Oder alle Krabben puhlen, dann alle auf einmal essen? Wir entschieden uns für Methode eins. Die Krabben schmeckten wunderbar, aber sonst ... Der Berg abgedrehter Köpfe und abgepuhlter Schalen wurde größer und größer, unser Appetit auch. Nach einer viertel Stunde schauten wir drei einander fragend an. Sohn kommentierte wie oben erzählt und alle drei entschieden unisono:

„Fischbrötchen!" Die waren auch sehr gut und machten satt und zufrieden. Und die Moral von der Geschicht' ?

„Laß' das Puhlen, zähl' die Groschen nicht!"

Ganz einfach, aber etwas zwiespältig, wenn man weiß, daß die Krabben nach Marokko geschickt, dort gepuhlt werden und dann wieder auf Sylt landen. Irrsinn total.

Zutaten:

150 g		Shrimps (meist tiefgefroren)
4		Eier
½	Bd	Schnittlauch, klein geschnitten
2	El	Olivenöl
1	Tl	Knoblauch (s. Seite 117)
1		Zitrone, nur die abgeriebene Schale
¼		Zitrone, nur den Saft
½	Tl	Pfeffer, schwarz, frisch gemahlen
1	El	Parmesan
1	El	Butter, gesalzen
1	MSp	Chiliflocken

Zubereitung in ca. 15 min

Die Eier aufschlagen und in einer Schüssel mit Pfeffer und Knoblauch verquirlen. Zitronenschale und -saft samt Parmesan zugeben und alles miteinander vermischen.

In einer gußeisernen Pfanne (notfalls tut's auch eine Blechpfanne) die Butter mit dem Olivenöl erhitzen (Stufe 50 %) und die Shrimps kurz anbraten (bis sie rot werden). Die Eier dazugeben und mit der Gabel verrühren (woher kommt wohl der Name Rührei?) bis die Masse gestockt hat. Schnittlauch dazugeben, Deckel auf die Pfanne, den Herd auf 30 % runterschalten und ca. 4 min warten. Deckel hoch, Chiliflocken darüber streuen und servieren.

Paßt gut zu Spargel (falls man nicht, wie ich, Spargel-Purist ist) oder zu Spinat mit Salzkartoffeln.

Brühkartoffeln

Brühkartoffeln gab es früher häufig als einfaches und schnelles Wochentags-Essen. Ich mag's immer noch gerne. Die früher obligatorisch selbstgemachte Fleischbrühe ersetze ich allerdings durch Fond. Ob man Rinder-, Geflügel- oder Gemüsefond nimmt, ist Geschmackssache. Das gilt auch für das Würzen mit Kümmel, nicht jeder mag ihn.

Zutaten:

350 g	Kartoffeln
2	Mohrrüben, groß
¼	Knolle Sellerie
½ Stg	Porree
400 ml	Fond (Rind, Geflügel oder Gemüse)
1 El	Petersilie
1 Tl	Kümmel
1 Tl	Salz, ½ Tl Pfeffer

Zubereitung in 20 min

Kartoffeln, Mohrrüben und Sellerie schälen und in Würfel schneiden. Porree waschen und in Ringe schneiden. Alles in den Fond geben, falls nötig, mit Wasser auffüllen (Gemüse sollte knapp bedeckt sein) und Kümmel zugeben. Etwa 20 min kochen (die Kartoffeln sollten noch Biß haben). Mit Salz und Pfeffer abschmecken und mit Petersilie bestreuen.

Urschlamm

Dieses Gericht haben meine Freunde und ich zigmal gegessen: Es ist billig, schnell zubereitet, sättigt und schmeckt gut. In meiner Erinnerung bleibend ist das Bild meines ältesten Freundes, mitten in der Nacht mit gegen den Küchen-Oberschrank gelehnter Stirn, in der Pfanne unseren Urschlamm rührend.

Zutaten:

500	g	Salzkartoffeln vom Vortag
1	El	Butter, gesalzen
3		Tomaten
3		Eier
1	Tl	Estragon
1	Tl	Basilikum
½	Tl	Pfeffer
		Ketchup nach Geschmack

Zubereitung:

Kartoffeln in Scheiben schneiden. Butter in der Pfanne erhitzen und Kartoffelscheiben einlegen (nur eine Lage). Wenn die Kartoffelscheiben auf einer Seite gebräunt sind, wenden. Hitze reduzieren. Über die Kartoffeln eine Schicht Tomatenscheiben legen. Tomaten mit Basilikum bestreuen. Über die Tomaten Eier derart aufschlagen, daß die Eimasse möglichst auch zwischen den Tomaten auf die Kartoffeln läuft. Das Ganze mit Estragon, Salz und Pfeffer würzen und solange (unter Beobachtung) braten, bis die Eimasse fast (!) gestockt ist. Fertig.

Und warum heißt das Ganze Urschlamm? Weil man es kurz vor Fertigstellung in der Pfanne auch kräftig umrühren kann. Tut man es dann auf den Teller und gibt noch einen kräftigen Schuß aus der Ketchup-Flasche darüber, erklärt sich der Name von selbst.

Übrigens: Man sollte sich vergewissern, daß vor dem obligatorischen Schütteln der Ketchup-Flasche ihr Schraubverschluß fest sitzt. Als mein Freund diese Mini-Kontrolle einmal außer acht ließ, haben wir beide anschließend das Eßzimmer seiner Mutter frisch gestrichen.

Vorteil der Urschlammvariante ist, daß man beim Essen ohne Probleme lesen kann. Allerdings finden sich auf meinen aufgehobenen Vorlesungsskripten auch manche Spuren von Urschlamm.

Kartoffelpuffer

Ich mag Kartoffelpuffer!

Als Kind mußte ich oft Kartoffeln über ein Reibeblech schieben, vor und zurück. Das ging ganz gut, solange die Kartoffel noch groß war. Irgendwann aber war sie nur noch ein kleiner Rest und spätestens dann erwischte das Reibeblech meine Finger. Blutende Fingerknöchel mochte ich damals nicht und heute schon gar nicht.

Dennoch sind Kartoffelpuffer mit Apfelmus oder auch nur zu schwarzem Kaffee ohne alles (Geheimtip) immer noch eines meiner schnellen Lieblingsgerichte. Allerdings kaufe ich heute die Kartoffelmasse fertig vorbereitet im Supermarkt.

Ein Freund, dem ich von diesem Buchprojekt erzählte, bestand darauf, das ursprüngliche Rezept hier wiederfinden zu wollen. Hier ist es.

Zutaten:

500	g	Kartoffeln
1	El	Weizenmehl
½	Tl	Salz
1	El	Schweineschmalz

Zubereitung:

Kartoffeln schälen, waschen und reiben. Wasser von der Reibemasse abgießen. Weizenmehl und Salz zugeben. Schmalz in einer eisernen Pfanne erhitzen (50 %), einen Löffel Kartoffelmasse hinzugeben und glatt streichen. Knusprig backen, umdrehen und die andere Seite backen.

Hierbei muß man unbedingt am Herd bleiben und den Garprozeß beobachten. Ist nur ein Minutenaufwand, der aber unverzichtbar ist.

VON DER BOULETTE BIS ZUM ZEHLENDORFER STEW

Eine Stadt wie Berlin wächst so schnell wie sie es tat und heute noch tut, nicht allein durch den Vermehrungsdrang ihrer Bewohner.

„Stadtluft macht frei!", hieß es im Mittelalter. Für Preußen galt das bis in die Neuzeit. „Der echte Berliner wurde in Ostpreußen oder Schlesien geboren". Das hab' ich (*1942) noch in der Schule gelernt. Berlin profitiert seit 300 Jahren von der Integration seiner Zuwanderer.

Im Jahr 1685 erließ der Große Kurfürst das Edikt von Potsdam, ein Toleranzedikt zu Gunsten der in anderen Ländern Europas verfolgten Protestanten. Ganz selbstlos war dieser Schritt nicht. Brandenburg war durch den 30-jährigen Krieg verwüstet und teilweise entvölkert, brauchte dringend Menschen in der Landwirtschaft und im Handwerk.

Die Integration der Ankömmlinge verlief auch durchaus nicht reibungsfrei. Recht mißtrauisch wurden sie von den Berlinern beäugt. Die Privilegien, die den Neuen, den Hugenotten, den Salzburgern und schließlich den in die Stadt zuwandernden jüdischen Menschen gewährt wurden, erzeugten Neid und Mißgunst.

Letztlich aber brachten die Neu-Berliner ihre handwerklichen Kenntnisse, ihre kulinarischen Vorlieben und auch ihre Sprache mit nach Berlin. Zum Vorteil der Stadt bis heute.

Heute aber ist man sich dessen leider kaum noch bewußt. Schmelztiegel Berlin, Vorteil für alle: eine der so seltenen erfolgreichen Win-Win-Konstellationen.

Am Prenzlauer Berg soll sich, einem on-dit zufolge, eine subversive Underground-Group militanter schwäbischer Kampfmütter formiert haben, die die Bezeichnung "Semmeln" - oder war es gar „Wecken"? - in den Bäckereien der Berliner Mitte anstelle von "Schrippen" durchsetzen will.

Na und? Ist mir doch egal, wer sie wie nennt. Hauptsache, ich bekomme sie noch unter ihrem eigenen Namen und sie hat die mit einem Messer längs eingeritzte, "geschripfte" Kerbe, meine Schrippe.

Als ich vor Jahrzehnten beim Bäcker in Köln als Kaufwunsch "Vier Schrippen" nannte, erntete ich ein verständnisloses "Häh?". Ein Bayer, der sich zur selben Zeit in Berlin ein "Fleischpflanzerl" erbat, hörte dasselbe "Häh?"

Bestellte man als Berliner in Köln zu Sylvester Pfannkuchen, erlebte man sein blaues Wunder. Wollte ein Kölner in Berlin "Berliner" verspeisen, würde er als Kannibale geächtet. Als ich in einem der Kölner Traditions-Brauhäuser den auf der Speisenkarte gefundenen "Halven Hahn" bestellte, haben sich meine Kölner Freunde noch ihr halbes Leben lang über mein dummes Gesicht beim Anblick der vom Köbes vor mich hingeknallten halben Roggen"schrippe" mit Käse amüsiert.

Ran an die Bouletten

Wie vieles in Berlin, ist auch die Boulette (frz. boulette - kleine Kugel) ein Geschenk der im 17.Jahrhundert zugewanderten Hugenotten an die Berliner.

Mit ´ner Schrippe oder ´nem Knüppel und etwas Mostrich schmeckt sie auch kalt bonfortionös (bonne fortune - gut Glück). Besonders spät abends in der Eckkneipe, nach ´ner Molle mit nem Korn´. Wehe der Berliner Kneipe, die keine kalten Bouletten unter dem Glassturz auf der Theke stehen hatte. Leider gibt es sie kaum noch - die Eckkneipen.

Die Boulette ist aus meiner Jugendzeit nicht wegzudenken. Besonders gerne habe ich sie immer in Butter gebraten mit braunen Zwiebelringen zu Quetschkartoffeln (Kartoffelpüree) gegessen: Einen Klacks Kartoffelpüree auf den Teller, mit dem Löffel eine Mulde reingedrückt, da hinein die Boulette mit reichlich

Bratenbutter und den Zwiebeln. Herrlich konnte man Kanäle ziehen und die braune Butter in neue Kartoffelbecken umleiten. Kommentar meiner Mutter: „Peter, laß´ das Rumgemansche mit dem Essen!".

Übrigens sind Bouletten nicht auf Berlin beschränkt: Daß sie im Rheinland Frikadellen heißen und in Bayern Fleischpflanzerl ist allgemein bekannt. In der arabischen Welt kennt man sie als Kifteh, dort allerdings ohne Schweinefleisch.

Zubehör: große, möglichst gußeiserne Pfanne, breiter Holzspatel

Zutaten (für 16 Stück):

1000 g	Gehacktes vom Kalb
50 g	kleine Katenschinken-Würfel
2 El	Butterschmalz (ermöglicht hohe Brattemperatur)
3 El	Butter, gesalzen (ergibt den runden Geschmack)
3	große Zwiebeln
250 ml	Milch
1	trockene Schrippe
1	Ei
1 Tl	Salz
2 Tl	frisch gemahlener schwarzer Pfeffer

Zubereitung in ca. 60 min
(7 Bouletten pro Pfannen-Durchgang):

Die Schrippe in kalter Milch einweichen. Zwei Zwiebeln klein hacken. Die Butter in der Pfanne erhitzen (Elektroherd 50 %). Bevor die Butter braun wird, auf 30 % herunterschalten. Die gehackten Zwiebeln und die Schinkenwürfel dazugeben und glasig anschwitzen.

Zwiebeln und Schinkenwürfel aus der Pfanne heben (Fett gut abtropfen lassen) und in eine große Schüssel geben. Gehacktes, Ei, gut ausgedrückte Schrippe und Pfeffer dazugeben. Alles mit den Händen kräftig durchmischen und -kneten (die Verwendung eines elektrischen Küchengeräts ist natürlich auch möglich, erschiene mir aber als Stilbruch). Den Teig ca. 20 min ziehen lassen.

Elektroherd auf 50 % schalten. Aus dem Teig mit den Händen Kugeln („boule") formen (etwa in Tischtennisball-Größe). Dabei unbedingt in die Mitte ca. einen gestrichenen Teelöffel gesalzene Butter ein"lagern" (Gehacktes ist nahezu fettfrei; ohne die Butter würden die Bouletten viel zu trocken). Die Bouletten in die Pfanne legen, mit dem Holzheber etwas plattdrücken (ca. 2 cm Höhe) und von jeder Seite ca. 10 min braten. Die Bouletten auf einem Teller warmstellen. Weitere Bouletten braten und warmstellen. Falls notwendig, etwas Butter in der Pfanne hinzufügen.

Den Elektroherd auf 45 % hochschalten und 1 El Butter in die Pfanne geben. Die zweite Zwiebel in Ringe schneiden und in dem heißen Fett anbräunen. Unbedingt dabei bleiben. Die Zwiebeln dürfen nicht schwarz werden.

Bouletten mit Zwiebelringen auf Kartoffelpürreé servieren. Dazu paßt Möhrengemüse.

Diese detaillierten Zubereitungsanweisungen sollten niemanden abschrecken! Sie dienen mehr der Nachvollziehbarkeit als der Beschreibung notwendiger Feinheiten. Die Zubereitung ist sehr einfach.

Currywurst

Der Vorsatz 'Berliner' erübrigt sich: "Es gibt nur eine!"

Das Wort Curry stammt aus dem tamilischen 'Kari' und bedeutet Sauce. Natürlich gibt's auch ein Leben ohne Currywurst – zumindest wird das behauptet. Aber was für ein Leben kann das schon sein?

Ich habe 16 Jahre an der Technischen-Universität Berlin verbracht. In all diesen Jahren gab es an der Hardenbergstraße, direkt vor der Buchhandlung Kiepert, eine Currywurst-Bude.

Die Wurst natürlich ohne Darm. Paprika und Curry in zwei Blechbüchsen mit durchlöcherten Deckeln, die der Wurstmaxe über der goldbraun gebratenen Wurst in gekonntem Takt gegeneinander schlug, bis der gewünschte „Schärfegrad" erreicht war. Und der stimmte immer!

80 Pfennig kostete die Wurst. Das war 1962. Für uns damals teuer. Die Erbsensuppe bei Aschinger am Bahnhof Zoo, nur 500 m weiter, kostete mit beliebig vielen Mini-Schrippen nur 50 Pfennig. Dennoch leisteten wir uns hin und wieder den Luxus der Currywurst.

Mit dem Diplom wurden die kargen Jahre zur Vergangenheit. Das Gehalt eines Assistenten ermöglichte beliebige Currywurst-Genüsse.

Zum Beispiel die am Bülowbogen, dort, wo morgens um zwei, nach Ende ihrer Schicht, die Damen der Nacht mit ihren Beschützern hingingen. Meine Freunde und ich kamen aus der Spätvorstellung des Kinos am Steinplatz und hatten Hunger. Quatsch, hatten wir nicht! Aber Appetit, und zwar großen. Die Qualität der Curry war bonfortionös (erinnern Sie sich an die Hugenotten?) und niemals haben wir irgendwelchen Ärger oder gar eine Bedrohung erlebt.

Und natürlich gab's die Currywurst-Bude am Ku-Damm Ecke Wilmersdorfer Straße. Die Curry war dort phantastisch ... teuer, aber gut! Es gab sie in unterschiedlichen Schärfegraden und mit Zwiebeln.

Die Atmosphäre erinnerte ein wenig an die der alten Pariser Hallen, bevor sie aus der Innenstadt verbannt wurden. Philharmoniker im Frack standen des Nachts neben Taxifahrern, Bordschwalben und spät unterwegs Seienden, wie uns.

Später zog der Curry-Master um in ein kleines, enges Laden-Domizil in der Wilmersdorfer Straße, kurz vor der S-Bahn-Brücke. Weil regensicher, war er im nachtschweifenden Berlin noch begehrter, als vorher in der Bude. Was aber hat´s eigentlich auf sich, mit der legendären Currywurst?

Der Roman *"Die Erfindung der Currywurst"* sollte mir diese Frage beantworten. Doch "Pustekuchen". Uwe Timm befaßt sich mit der Aufarbeitung jüngerer deutscher Geschichte und nicht mit unserer "Curry". Seine wenigen Sätze zum Titelthema lassen den überzeugten Berliner nur betrübt den Kopf schütteln. Aber ich lernte einen mir bis dahin nicht bekannten Autor kennen.

Die Currywurst wurde von Herta Heuwer erfunden.

Am 4. September 1949 hat sie die Wurst und dazu die selbst kreierte Sauce in Berlin-Charlottenburg, Kantstraße 101, zum erstenmal angeboten.

Das schwer zerstörte Berlin hatte mit Hilfe der Luftbrücke gerade die sowjetische Blockade überstanden, die Währungsreform brachte 1948 so manches vom schwarzen Markt zurück in die Läden und Berlin kam langsam wieder zu Atem.

Materielles gab es zwar immer noch nicht viel, dafür aber Ideen. Den Fleischern fehlten die Därme für die Würste. Brauchen Würste unbedingt Därme? Nee, brauchen sie nicht. Daher wird die originale Currywurst ohne Darm gepreßt, hat somit keine "Zipfel", sondern ist an den Enden gerade abgeschnitten.

Daher sollte man sich nicht schon beim Bestellen durch das völlig falsche "Ich möchte bitte eine Currywurst" als "strange in the City" outen.

,,'ne Curry ohne, kann ruich 'n bißchen scharf sein!", heißt das berlinisch. Mit 'ohne' ist gemeint, daß man eine Wurst ohne "Pelle" haben möchte. Eine Currybude, die so etwas nicht hat, sollte man meiden.

Die Curry wird nicht gegrillt, sondern auf dem heißen Blech gerollt, bis sie rundum goldbraun geworden ist. Dann schneidet man sie in daumenglied kurze Stücke und - jetzt wird's spannend - verpaßt ihr die geheimnisvolle Zutat, die ihr, neben der Wurstmasse selbst, den weltweit einzigartigen Geschmack verleiht.

Die Sauce! Sie hat's in sich und ist das große Geheimnis der - glücklicherweise noch vielen - Berliner Currybuden-Fritzen. Jeder hat sein eigenes Geheimrezept, und das hütet er, wie Oma ihren Hut. So war's schon bei Herta Heuwer.

Handelsüblicher Ketchup ist die Sauce jedenfalls nicht. Den enthielt ganz sicher auch das Originalgemenge nicht, denn Herta Heuwer erzählte, daß sie nur Zutaten, die sie damals verfügbar hatte, verwendet habe. Tomatenmark gehörte dazu, der Rest war und blieb Hertas Geheimnis. 1949 waren in Berlin wohl kaum exotische Gewürze verfügbar, und "Emmärrikas Lieblings-Kättschapp" war in Deutschland noch nicht bekannt, falls es ihn denn überhaupt schon zu kaufen gegeben haben sollte.

Als es ihn dann gab, kommentierte meine Mutter: "Igittigitt Junge, diese Tunke kommt uns nicht ins Haus!".

Es gibt viele verschiedene Rezepte für die Sauce (natürlich sind sie, siehe oben, alle streng geheim). Ich will hier auch nur zwei verraten: das angebliche doch noch aufgefundene Originalrezept von Herta Heuwer und das allergeheimste, nämlich mein eigenes.

Currywurst-Sauce nach Herta Heuwer

Ob Herta Heuwer 1949 wirklich über all diese Zutaten verfügte, ist m.E. zweifelhaft. Ganz sicher hatte sie sie nicht als Reste zu Hause vorrätig. Doch was soll's, vielleicht trägt die Einbildung zum Genuß bei.

Zutaten:

1		Zwiebel
2		Knoblauchzehen
1		daumengroßes Stück Sellerie
150	ml	kochende Rinderbrühe
200	g	Tomatenmark
150	g	Senf
2	El	Worchestershiresauce
220	g	Honig
½	Tl	Chilipulver
½	Tl	Kreuzkümmel (Cumin)
½	Tl	Korianderpulver
½	Tl	gemahlene Senfkörner
½	Tl	Fenchel
1	El	Kurkuma
1	Tl	Salz
1	Tl	Pfeffer
1	El	Essig
125	ml	Olivenöl

Zubereitung:

Zwiebeln und Knoblauch sehr fein hacken und in etwas Olivenöl glasig dünsten. Fein geraspelten Sellerie zugeben und alles mit kochender Brühe ablöschen. Tomatenmark, Ketchup, Senf und Honig unterrühren, anschließend die Gewürze (ohne Chili) und den Essig dazugeben. Falls nötig, auf sämige Konsistenz reduzieren. Nach und nach das Olivenöl dazugeben. Nach

Geschmack mit Chili würzen. Die Soße unbedingt 2 - 3 Tage im Kühlschrank ziehen lassen.

＊

Currywurst-Sauce nach Art des Hauses

"Das kann doch gar nicht schmecken!", höre ich schon die Schreckensrufe nach dem Lesen der folgenden Zutatenliste. Aber: Es kann nicht nur, es tut's sogar, und zwar gut! Zudem ist das Zeug schnell gemacht. Ich mache davon 1/2 Liter und friere die Sauce in kleinen Marmeladengläschen ein. Ein Gläschen für eine Wurst. Ich brauche allerdings meistens zwei. Wer gibt sich denn auch mit nur einer Curry zufrieden?

Zutaten:

½	l	Coca Cola
2	El	Balsamico
1	Tl	Knoblauchzehen, gehackt
½	Tl	Ingwer, gemahlen
1	El	Senf (je 1 Tl mittelscharf und süß)
450	ml	Ketchup (aus frischen Tomaten)
400	g	gehackte Tomaten (Büchse)
½	Tl	Chili Pulver
½	Tl	Paprika (scharf)

Zubereitung:
Coca Cola in einen Topf geben und so lange köcheln lassen, bis eine Art Melasse, etwa einen fingerbreit hoch, übrig geblieben ist. Alle anderen Zutaten zugeben und unter gelegentlichem Umrühren auf gewünschte Konsistenz einkochen.

Die Dosierung der scharfen Gewürze sollte man dem eigenen Geschmack anpassen. Aber Achtung: jedesmal einen sauberen Löffel benutzen, die Sauce darf nicht verkeimen. Sie soll sich ohne Konservierung ein paar Monate halten.

Jeder Erfolg hat seine Trittbrettfahrer. Was man auch in Hamburg und Bochum für sich reklamieren mag:

> „… soll'nse ruhich. Die Curry klaut uns keener, die is' aus Berlin und damit Basta!"

*

Bockwurst

Bockwurst. Das ist natürlich die kurze dicke, die man mit Mostrich und Schrippe ißt. Erfunden wurde sie in … natürlich in Berlin! Wo denn sonst?

In der Nähe der Friedrichstraße soll das gewesen sein, Ende der 1880er Jahre. Dort gab es den Fleischermeister Loewenthal, der eine koschere Wurst aus Kalbs- und Rinderbrät in dünnen Därmen anbot. Die kannte und mochte auch der kugelrunde Kneipier Richard Scholz. In dessen Kneipe am Görlitzer Bahnhof trafen sich im Wintersemester 89/90 die Studenten der Friedrich-Wilhelms-Universität (seit 1945 Humboldt-Universität) zum Festkommers. Ausgeschenkt wurde Tempelhofer Bockbier und dazu gab's die Wurst vom Meister Loewenthal. Die Studiosi waren begeistert. Sie hoben ihre Humpen und tauften die bislang nicht bekannte Wurst auf den Namen … richtig!

Erst später wurde das Rinderbrät durch Schweinefleisch ersetzt und die Wurst mit Mostrich (Senf mit unvergorenem Traubensaft statt Essig) gegessen. Die Schrippe gab's als Beilage dazu.

Bockwürste sollte man niemals als Massenprodukt aus einem Supermarkt-Regal kaufen! Fast all diese Produkte haben eine zähe Kunstpelle, die fad im Geschmack und unangenehm zäh im Mund ist. Von der undefinierbaren Füllung wollen wir erst gar nicht reden.

Nach mehr als einer schlechten Erfahrung habe ich mir angewöhnt, Fleisch und Fisch nur im Fachgeschäft zu kaufen.

Da liegen sie nun, die Bockwürste, frisch bei einem guten Fleischer gekauft und natürlich im Naturdarm. Weil sie heiß gegessen werden, ab mit ihnen in kochendes Wasser und Deckel drauf. Fünf Minuten müßten doch eigentlich genügen. Also Deckel hoch und mit der Holzzange ... oh jeh! Die sind ja bis auf eine alle geplatzt. So ein Mist aber auch.

„Warum mach'n die dit übahaupt und warum platzense imma längs aba nie quer? Und wie kriejen wir 'se unjeplatzt heiß?

Die Antwort gibt die Physik:

Die Bockwürste platzen, weil der Innendruck höher ist, als der Außendruck! Das ist einleuchtend, beantwortet aber noch nicht die Frage, weshalb sie ausschließlich der Länge nach aufplatzen. Das liegt daran, daß der Druckaufbau nur bei kugelförmigen Hohlkörpern in allen Richtungen derselbe ist. Unsere Würste haben aber eine zylindrische Geometrie, und in der ist die durch den Druck erzeugte Spannung in der Pelle radial ('quer') doppelt so hoch ist, wie axial ('längs').

Man stelle sich nun vor, daß die Pelle aus eng aneinander liegenden sehr schmalen Ringen besteht, sowohl radialen als auch axialen. Da die radialen aber doppelt so hoch belastet sind wie die axialen, wird der schwächste radiale Ring als erster reißen. Dann der nächste und so weiter und so weiter, bis die Wurst der Länge nach aufgerissen ist.

Diese Abläufe gelten nicht nur für Bockwürste, sondern sind generelles Problem bei allen unter Druck stehenden Rohrleitungen, Dampfkesseln und sonstigen zylindrischen Behältern.

Da wir jetzt die Ursache für das Platzen kennen, können wir dessen Folgen steuern. Der Innendruck darf den Außendruck nicht wesentlich übersteigen.

Damit wird's empirisch und in der Anwendung einfach:

Bockwürste in einen Topf legen, einen Teelöffel Salz pro 4 Würste zugeben und mit Wasser auffüllen, bis die Würste knapp bedeckt sind. Würste rausnehmen und beiseite stellen. Das Wasser zu Kochen bringen. Den Topf auf eine ungeheizte Herdplatte stellen, die Würste hineinlegen und etwa 4 Minuten warten. Braucht man mehr Würste, kühlt sich das heiße Wasser eventuell zu rasch ab. Dann ist es besser, den Topf auf der abgeschalteten, aber noch heißen Herdplatte stehen zu lassen.

Verbleibende und berechtigte Frage: Wozu das Salz? Um die Pelle zu "stabilisieren" (eine ausführlichere Antwort würde den Rahmen dieses Buches sprengen). Und nun: „Guten Hunger!"

Oh, fast hätt' ich's vergessen: Auf Ihrem Senf-Becher sollte „Bautz'ner" stehen!

∗

Falscher Hase

Der falsche Hase war für mich immer so etwas wie der große Bruder der Boulette. Ich mochte und mag Gehacktes in fast jeder Zubereitungsart.

Wieso aber "falsch"?

"Wer sich keinen echten Hasen leisten konnte, aß eben einen falschen. So einfach ist das!", meinte meine Großmutter. Natürlich kannte sie die wahre Geschichte. Ihrem zwölfjährigen Enkel, dessen damaliges Lieblingsgericht "Falscher Hase" war, hat sie aber nie erzählt, was der Name eigentlich bedeutet.

Möchten Sie es wissen? o.k., Ihr Risiko!

Da wir in einer Zeit öffentlich ausgelebter Empfindlichkeiten leben, empfehle ich sensiblen Menschen, die folgende, kursiv gedruckte Passage ungelesen zu überblättern.

Hasenbraten war in den zwanziger und dreißiger Jahren des vergangenen Jahrhunderts ein preiswertes und beliebtes Gericht auf deutschen Tischen.

Seit den frühen vierziger Jahren wurden in Deutschland nicht nur die Hasen seltener. Schon damals aber waren die Frauen oft kreativer, als die ihnen angetrauten oder sonstwie verbundenen Männer. Einer dieser klugen Frauen war aufgefallen, daß das Skelett eines Hasen dem der Hauskatze sehr ähnlich ist. Merkliche Abweichungen gab es nur beim Kopf und den Pfoten. Problem? Nein, einfach weg damit.

Was verblieb und im Backofen landete, war weder im Aussehen noch im Geschmack vom Hasen zu unterscheiden. Wie gut, daß sich schon die Wiener während der Belagerung durch Mustafa Pascha vor 250 Jahren mangels anderer Nahrung von Katzen ernährten.

Um die 1945-er Jahre herum und später noch waren Katzenfelle von rheumageplagten Menschen in Deutschland sehr begehrt. Außerdem wird behauptet, daß Katzen wie die Karnickel "hecken". Schneller Profit war also garantiert.

Die Fama berichtet, daß sich gegen Ende des zweiten Weltkrieges und in den ersten Jahren danach die Aufzucht von Katzen in bäuerlichen Regionen vervielfacht haben soll.

War da noch etwas? Ja, natürlich, der Name! Wieso 'falscher' Hase? Fast ununterscheidbare Skelette, aber im Gegensatz zu Hasen konnten die Katzen auch mühelos auf Dächern herumturnen. Folgerichtig nannte man sie "Dachhasen". Das waren die wirklichen "Falschen Hasen".

Das folgende Rezept ist die zutatenbereinigte und heute übliche Variante des ursprünglichen, falschen Hasen. Zusammengebastelt ist sie aus meinen Erinnerungen an den Geschmack in der Lindower Kinderzeit.

Zubehör: großer Bräter (möglichst Gußeisen)

Zutaten für 4 Personen:

300	g	Rindergehacktes
300	g	Schweinegehacktes
300	g	Lammgehacktes
1		Kartoffel, mehlig, groß
3		Eier (in Schüssel mit Schneebesen schlagen)
½	Bd	Petersilie, klein gehackt
3	Tl	Kapern
40	g	Katenschinken (Fertigpackung, kleingewürfelt)
2		Zwiebeln
1	Tl	Steinpilze, getrocknet (60 min in kaltem Wasser quellen lassen; Wasser aufheben)
100	g	Frühstücksspeck
160	ml	Tomaten, püriert oder kleingehackt
4	Tl	Butter, gesalzen
½	Tl	Pfeffer
		Entgegen allen anderen Rezepten: **kein Senf !**

Zubereitung in 150 min

Katenschinken mit in 1Tl Butter und kleingewürfelten Zwiebeln andünsten. Gekochte Kartoffel hinzufügen, zerdrücken und kurz anbraten.

Das Gehackte, die geschlagenen Eier, Petersilie und die Kapern mit den Händen gut durchmengen (Hände vorher mit Butter fetten). Die Masse in Brotform bringen.

Den Bräter mit Butter fetten. Das Teigbrot in Bräter legen und dicht mit Frühstücksspeck belegen (leicht in den Teig eindrük-ken).

Den Bräter ohne Deckel in den Umluft-Backofen schieben (nicht vorheizen, um gleichmäßiges Garen außen und innen zu erreichen). 160 °C einstellen und starten. Nach ca. 30 min den

Braten mit einigen Löffeln des Pilzwassers übergießen. Bratensatz mit ca. einem Drittel des Tomatenpürees angießen. Dann alle 20 min wieder löffelweise Pilzwasser über den Braten gießen (besonders über die Speckstreifen, die jetzt langsam braun, aber nicht schwarz werden dürfen) und Tomatenpüree in den Bratensatz geben. Nach ca. 110 min den Braten mit dem Rest Tomaten-Püree übergießen.

Nach 130 min die Pilze in den Bratensaft geben und den Rest Pilzwasser über den Braten gießen.

Den Falschen Hasen aus dem Bräter nehmen und warmstellen. Den Bratensatz mit wenig heißem Wasser loskochen.

Wer´s unbedingt will, kann die Soße durch ein Sieb reiben. Wär´ aber schade, da sie zusammen mit den während des Bratens abgelösten Fleischkrümeln und den Pilzen eine ungemein sämig-würzige Konsistenz hat. Eine Variante wäre, die Soße mit Schmand abzurunden. Da es den in meiner Kindheit auf dem Lande aber nicht gab und ich mir den nostalgischen Geschmack erhalten möchte, verzichte ich darauf.

Zum „Falschen Hasen" passen mehlige Salzkartoffeln (das oft empfohlene Kartoffelpüree halte ich für falsch, da ja schon der „Braten" ein „Püree" ist) und fast jede Art von Gemüse (besonders gerne esse ich dazu Kohlrabi).

Über Kalorien sollte man hier besser nicht nachdenken.

Berliner Kalbsleber

Nach 10 Jahren Rheinland hatte ich sie fast vergessen, die Berliner Kalbsleber. Ein Café in Düsseldorf führte sie auf der Speisenkarte. Bestellt, gegessen und das Café (Gustav Heinemann war der mir nach Papa Heuß sympathischste Bundespräsident und er wurde in Berlin gewählt) hatte einen neuen Stammkunden.

Das Gericht ist einfach zuzubereiten und für mich jedesmal ein kleines Festessen.

Zutaten für 4 Personen:

4	Kalbsleber, Scheiben
2	Zwiebeln, groß
2	Äpfel, große Äpfel
2 EL	Olivenöl
6 EL	Mehl
1 Tl	Knoblauch (s. Seite xyz)
	Salz, Pfeffer

Zubereitung in 30 Minuten

Zwiebeln und Äpfel schälen (Kerngehäuse ausstechen) und in Ringe schneiden. Apfelscheiben portionsweise in wenig Olivenöl pro Seite ca. 2 Minuten andünsten. Herausnehmen und warm stellen. Die Zwiebeln in eine kalte, gußeiserne Pfanne geben und mit dem Olivenöl vermischen. Das Gemisch langsam erhitzen (Herd 50 %), bis die Zwiebeln braun zu werden beginnen (dabei bleiben und hin und wieder umwenden). Den Knoblauch untermischen, die Zwiebeln knusprig braten (schwach dunkelbraun) und warm stellen. Inzwischen die Leber waschen, trocken tupfen und in 4 EL Mehl wenden. 1 EL Öl in der Pfanne erhitzen und die Leber darin von jeder Seite 2–3 Minuten braten. Mit Salz und

Pfeffer würzen. Mit Äpfeln und Zwiebeln anrichten. Dazu schmekken Stampfkartoffeln.

*

Berliner Schmorgurken

"Die geh'n hier nicht!", bekam ich zu hören, wenn ich auf Kölner Märkten nach ihnen fragte. Ich vermißte die kurzen, dicken Verwandten der Salatgurken, ihr sanftes Gelbgrün, durch das sie sich so gemütlich vom harten Grasgrün ihrer langen kühlen Schwestern abheben.

In Lindow waren sie im Sommer jede Woche einmal auf dem Tisch zu finden. Sie sind eines jener Lieblingsgerichte geblieben, auf die ich in meinen Kölner Jahren verzichten mußte.

Doch kaum hatte mein erster Sommer als Neu-Altberliner richtig begonnen, waren sie wieder da und in fast jeder Woche einmal auf meinem Teller. Kein Markthändler schüttelte mehr den Kopf, wenn ich ihn nach Schmorgurken fragte. Ich war wieder zu Hause.

In Indien sollen sie schon vor viertausend Jahren bekannt gewesen und bereits zur Zeit des Alten Reiches in Ägypten aufgetaucht sein. Für die Amarna-Zeit scheint ihr Nachweis auf Echnatons und Nofretetes Tafel gesichert zu sein und Plinius der Ältere erzählt uns, daß sie das Lieblingsgemüse Kaiser Tiberius' waren. Im Gefolge Karls des Großen fanden sie den Weg nach Mittel-Europa, wurden auch in der Mark Brandenburg heimisch und fanden schließlich ihren Platz auf meinen Teller. Eine durchaus geradlinige und konsequente Geschichte, oder?

Zutaten:

2	große Schmorgurken
1	Zwiebel, klein gewürfelt
1 El	Butter, gesalzen

3	Tl	Dill, gehackt
1	Tl	Zucker
½	Tl	Pfeffer
1	Tl	Knoblauch
2	El	Aceto Balsamico, Creme leger light nach Bedarf

Zubereitung in 20 min

Gurken schälen, längs halbieren, auskratzen und in ca. 2 cm dicke Scheiben schneiden und würfeln.

Butter in der Pfanne auslassen und die gewürfelte Zwiebel glasig schwitzen. Gurkenscheiben dazugeben, kurz mit anschwitzen und mit zwei Eßlöffeln Aceto Balsamico ablöschen. Deckel spaltbreit offen auflegen und etwa 10 min schmoren. Herd abschalten, Knoblauch, Dill und Zucker zugeben. Pfeffern. Eventuell mit Creme legere light abmildern.

Dazu passen Salzkartoffeln oder Kartoffelpüree.

Eisbein mit Sauerkraut nach Berliner Art

"Bein" bedeutet ursprüngliche "Knochen". Von Eisknochen ist schon in der Edda die Rede. Gemeint sind dort die als Schlittschuhe dienenden, der Länge nach aufgesägten Knochen.

Das Eisbein ist also eigentlich der Knochen, den man zum Laufen auf dem Eis verwenden kann – nachdem man das ihn umgebende Fleisch gegessen hat.

Seit dem 19. Jahrhundert ist Eisbein die gebräuchliche Bezeichnung für das Schienbein des Schweines.

Ich ahne das entsetzte Aufstöhnen einiger Leser: "Eisbein? Das ist doch dieses schwabbelige Fett mit der glitschigen Schwarte. Wie kann man so etwas nur essen? Ist ja eklig!"

Nichts von all dem trifft auf das Berliner Eisbein zu! Dem schwabbeligen Fett und der unappetitlichen Schwarte werden in der Zubereitung die Aromastoffe entzogen, die man gerne schmecken möchte. Das ausgelaugte Fett und die Schwarte werden dann verworfen.

Zutaten:
- 2 Eisbeine, mild gepökelt
- 1 Zwiebel
- 3 Gewürzkörner
- 1 Lorbeerblatt
- 3 Pfefferkörner
- 300 g Sauerkraut (professionell vorbereitet)

Zubereitung:
Die Eisbeine mit der Zwiebel und den Gewürzen ganz langsam garkochen. Die Schwarte und das ausgelaugte Fett entfernen und verwerfen. Mit Salzkartoffeln und Sauerkraut servieren. That's all!

Kassler mit Sauerkraut

Wie meist bei erfolgreichen Unternehmungen, gibt es auch für das Kassler eine Gründungslegende. Die hat ihren Ursprung nicht in Kassel, sondern in Berlin.

Um 1890 hat der Berliner Fleischermeister Cassell ein gepökeltes und leicht geräuchertes Schweinefleisch auf den Markt gebracht. Es wurde, in heutiger Sprache, ein 'Megahit'.

Was man allerdings heute in den Supermärkten unter diesem Namen angeboten bekommt, ist eine abschreckende Mutation des ursprünglichen Kasslers. Man braucht einen wirklich guten

Fleischer, um Kassler zu erhalten. Bekommt man es, lohnt es sich. Selbst in der folgenden, einfachen Grundversion.

Zutaten:

1 kg	Kasslernacken
5	Zwiebeln
1 Tl	Zucker
500 g	Sauerkraut
250 g	Ananas in Stücken (Dose)
200 ml	Creme fraiche

Zubereitung in ca. 20 min

Fleisch in grobe Würfel schneiden (ggf. Knochen abtrennen), scharf anbraten, herausnehmen. Zwiebeln glasig dünsten, mit Zucker bestreuen und karamellisieren. Fleisch, Sauerkraut, Sahne dazugeben sowie abgetropfte Ananasstücke. Ca. 1 Std. köcheln lassen. Dazu paßt Kartoffelpürree.

Pellkartoffeln, Schichtkäse und Leinöl

In meiner Kindheit und Jugend waren Pellkartoffeln mit Leinöl ein selbstverständliches Mittagessen in fast jeder Woche. Ich habe sie als Kind gemocht, auch als Jugendlicher, und ich mag sie noch heute, die Pellkartoffeln der Kindheit,

In Lindow gab es Pellkartoffeln ausnahmslos an jedem Wochentag in der Küche als Abendessen. An dem großen, massiven Küchentisch saßen alle Menschen, die zum Hof gehörten. Die Familie, die Knechte (die natürlich damals, in den sozialistischen Zeiten, nicht so genannt wurden) und die Gäste.

Zwei Bänke an den Längsseiten, keine Stühle. Es gab angestammte und Gastplätze. "Der Bauer", also mein Onkel Otto, saß auf seinem angestammten Platz an der Wand neben der Tür zum

Hof. Nur auf dieser Bank konnte man sich anlehnen. Von seinem Platz aus hatte er den Tisch, die Küche und auch die Tür zum Außenweg im Auge. Dort saß nur er. War er einmal nicht anwesend, blieb der Platz selbstverständlich frei.

Meine Tante Marie saß auf derselben Bank, aber an deren anderem Ende, an der Herdseite. Zwischen beiden die Töchter des Hauses und besondere Gäste.

Auf der Bank gegenüber, der ohne Wand zum Anlehnen, saß, seinem Vater direkt gegenüber, mein Onkel Kurt, der nächste "Bauer", und seine Frau. Dann kam ich und rechts neben mir die "Werktätigen", sofern es welche gab.

In einer Ecke der Küche stand der riesige, gemauerte Herd. Er wurde ausschließlich mit Holz betrieben. War ich zu Gast in Lindow, war es immer meine Aufgabe, für ausreichendes Feuerholz im großen Brennholzkasten neben dem Herd zu sorgen. Auf diesem Herd wurde jeden Abend ein großer Topf Pellkartoffeln gekocht. Waren sie gar und das Kochwasser abgegossen, wurden sie einfach auf den Tisch geschüttet. Das machte Tante Marie. Mit bloßen Händen schoben wir sie dann an zwei oder drei Stellen auseinander und Tante Marie stellte jeweils zwei kleine Schälchen in die Lücken. In einem war Salz, im anderen ausgelassene Grieben in ihrem Fett.

Gebetet wurde nicht. Die anwesenden Männer zogen ihre Taschenmesser aus der Hosentasche, die Frauen nahmen ihre jeweils eigenen, besonderen Küchenmesser in die Hand und Onkel Otto die erste Kartoffel.

Damit begann das Abendessen. Jeder redete mit jedem, kreuz und quer. Erzählte einer eine Geschichte, hörte man ihm zu. War's eine "sie", war's genauso.

Währenddessen pellte man seine Kartoffel, teilte sie auf der Tischplatte (Teller oder Brettchen gab es nicht) in mundgerechte Schnitze und ... tja, dann wurde es schwierig. Für mich. Die Großen schafften es mühelos, den Schnitz auf ihr Messer zu nehmen, ihn zuerst in das Griebenfett zu tunken, dann in den Salznapf und schließlich in den Mund zu befördern.

Mir rutschte er oft schon beim Aufnehmen vom Messer. Gelang mir dies ausnahmsweise, landete er im Fettnapf (rührt vielleicht daher das Wort vom 'in den Fettnapf treten' her?) oder spätestens im Salzschälchen. Wie peinlich für mich, immer wieder mit den Fingern nachhelfen zu müssen. Und wie gern' hätte ich ein eigenes Taschenmesser gehabt. Beides hat sich nie erfüllt.

Als ich nach Mauerbau und DDR-Geschichte wieder nach Lindow reisen durfte, war die Zeit über solche Traditionen längst hinweggegangen. Für mich mit Bedauern, für die Menschen dort als Fortschritt. Ich hoffe sehr, daß sie recht behalten.

Zutaten:

2		Kartoffeln, groß (oder Frühkartoffeln)
1	Tl	Kümmel
250 g		Schichtkäse
4	El	Leinöl
1	Tl	Salz

Zubereitung:

Kartoffeln mit Schale und Kümmel gar kochen. Alle Kartoffeln pellen und spalten. Spalten auf Teller legen. Schichtkäse daneben anhäufeln, Leinöl darüber gießen und alles leicht salzen.

Berliner (Lindower) Schlachteplatte

Ein Schlachttag in Lindow, das bedeutete gleichermaßen Arbeit und Fest. Damals ...

Meine letzten Großen Ferien in Lindow waren sechs Sommerwochen des Jahres 1953. Ich hörte die Erwachsenen über die geplanten LPGs schimpfen, wußte damit aber nichts Konkretes zu verbinden, ich war elf. Die Folgen der im Mai 1960 als abgeschlossen verkündete Zwangs-Kollektivierung der landwirtschaftlichen Betriebe (vulgo: Bauernhöfe) in der DDR habe ich in Lindow nicht miterlebt.

Vor der Kollektivierung durfte jeder Hof sein eigenes Vieh halten. Je nach Bedarf und Vermögen wurde ein- oder zweimal im Jahr ein Schwein geschlachtet. Der Fleischbeschauer (Veterinär) wurde bestellt, um das Fleisch auf Trichinen zu untersuchen.

Bei der Schlachtung mit der „Bolzentöte" durften wir Kinder nicht zuschauen. Wir bekamen das Schwein erst wieder zu sehen, wenn es in zwei Hälften längsgeteilt auf der Leiter hing. Die war praktischerweise neben der Pumpe an die Hauswand gelehnt. So ließen sich die Randerscheinungen des Ausweidens und Zerlegens bequem beseitigen.

Natürlich mußte ich mitarbeiten, und daß hieß: Blut rühren. Klingt gruselig, war's aber nicht. Langweilig war's und ermüdend, aber nach den damaligen Lindower Maßstäben eine kindgerechte Arbeit. Ich selbst empfand das ebenso und war stolz darauf, diese Arbeit schon tun zu dürfen.

Im großen Dämpferkessel der Schweine-Futterküche wurde das Blut, versehen mit Tante Maries streng geheimen Gewürzzutaten, gekocht. Dann wurde die Grütze dazu gegeben. Auf keinen Fall durfte das Blut vorher gerinnen, die Wurstherstellung wäre unmöglich geworden. Das Rühren hat sich für mich immer gelohnt: Ich bekam eine der ersten frischen Blutwürste, und war unsäglich stolz.

Mit den halbwegs abgekühlten Würsten und einem Topf Well-fleisch mußte ich dann durchs Dorf laufen und Verwandten und ärmeren Familien, die sich kein Schwein leisten konnten, jeweils eine Portion bringen. Wieder zu Hause, gab's auch für mich den Schlachteteller. Das folgende Rezept ist zusammengesetzt aus Erinnerungen an Lindow und an die Schlachteplatten der Hardtke-Restaurants in West-Berlin.

Zutaten:

500 g	Schweinebauch (2 Scheiben ohne Knochen und Schwarte)
2	Grütz-Blutwürste, frisch
2	Grütz-Leberwürste, frisch
2	Zwiebeln
2 El	Senf
1 Msp	Majoran
1	Lorbeerblatt
2	Pimentkörner
½ Tl	Salz, Pfeffer (je)
4 El	Olivenöl
300 g	Sauerkraut (servierfertig aus dem Supermarkt; man muß nicht unbedingt alles selber machen)
250 ml	Weißwein, trocken
50 g	Ananaswürfel (Büchse)

Zubehör: <u>große</u> Pfanne

Zubereitung in 50 min

Schweinebauch: 1 l Wasser mit Salz, einer geviertelten Zwiebel, dem Lorbeerblatt und den Pimentkörnern erhitzen. Die Schweinebauch-Scheiben dazu geben und 45 min köcheln las-sen. Das Sauerkraut mit dem Weißwein und den Ananaswürfeln kurz aufkochen.

Die Würste kann man mit der Pelle heiß machen oder ohne Pelle braten. Mir schmecken beide Varianten. Heiß machen geht schneller als Braten.

Würste (heiß gemacht):

Leider geht's oft daneben, wenn man die frischen Würste in einen Topf mit kaltem Wasser legt und das Ganze dann aufkocht. Die Würste platzen und sind nicht mehr verwendbar. Schade drum.

Besser ist es, die Würste in eine vorgewärmte Porzellanschüssel legen (Porzellan hat ein niedrigeres Wärme-Leitvermögen als Metall und hält daher die Temperaturen länger als ein Kochtopf), sie mit sprudelnd kochendem Wasser zu übergießen und 15 min ziehen zu lassen (siehe auch Seite 53)

Würste (gebraten):

Die Würste nach dem Kochen (siehe oben) pellen und in Scheiben schneiden. Eine große Zwiebel würfeln und in 4 El Olivenöl bei mittlerer Temperatur anschwitzen. Die Wurstscheiben hinzugeben und anbraten, dabei die Wurstscheiben aber nicht vermischen (daher die g r o ß e Pfanne!). 6 El Wasser, 2 El Senf und Pfeffer über beide Wurstsorten geben. Majoran nur über die Leberwurst. Die Wurstsorten getrennt und langsam (wegen der Garungs-Kontrolle) bis zu einer f a s t trockenen Konsistenz brutzeln lassen.

Zehlendorfer Stew

Irish Stew ist das nach der reinen Lehre nicht, aber kräftig und rund im Geschmack. Es ist mein „Vorzeigegericht" für winterliche Einladungen von Freunden zum Essen.

Zutaten für 4 Personen:

2	kg	Lamm (keine fetten Fleischreste; nur qualithoch wertige Keule o.ä.)
400	ml	Lammfond
250	ml	Rotwein (trocken)
1	Tl	Salz
1	Tl	Pfeffer, schwarz (frisch gemahlen)
2		Mohrrüben
1		Stange Porree
2		Tomaten
1	Bd	Petersilie
½	Tl	Thymian
½	Tl	Bohnenkraut
1	El	Knoblauch (s. Seite 117)
6		Zwiebeln, groß
3	El	Olivenöl
1	kg	grüne Bohnen
100	g	Sellerie (ca. eine Scheibe von der Knolle)
6		Kartoffeln, groß und festkochend

Zubereitung in 120 min

Lammfleisch in mundgerechte Würfel schneiden (dabei denke ich eher an Menschen mit ´ner großen Klappe) und salzen. Olivenöl erhitzen und das Fleisch rundum anbraten. Knoblauch zufügen. Zwiebeln vierteln und in dicke Scheiben geschnittene Mohrrüben, Porree und Sellerie zufügen und alles ca. 5 min bei mittlerer Hitze mitbraten (dabei ständig umrühren) mittlerer Hitze mitbraten (dabei ständig umrühren, damit nichts ansetzt).

Topf mit Rotwein, Lammfond und kochendem Wasser soweit auffüllen, daß das Fleisch gut bedeckt ist. Thymian und Bohnenkraut zugeben. Ca. 25 min offen köcheln lassen und, falls nötig, abschäumen (z.B. falls Knochen mitgekocht werden).

Geschälte und geviertelte Kartoffeln zugeben, wieder mit kochendem Wasser bedecken und – jetzt mit Deckel – weitere 5 min kochen lassen. Grüne Bohnen zugeben, nochmals 15 min kochen. Grob gerupfte Petersilie zugeben und – falls „feiner" gewünscht – süße Sahne zugeben und umrühren (nicht mehr kochen lassen).

KARTOFFELN

Als geborener Ostelbier mag ich Kartoffeln in fast jeder Zubereitungsart.

Reis und Pasta lernte ich erst später kennen und schätzen und mag sie heute sehr. Dennoch gehören Kartoffeln für mich immer noch zu einem ‚richtigen' Essen. Ob Salz- oder Pellkartoffeln, ob Bratkartoffeln oder Klöße, ein Mittagessen ohne Kartoffeln war in meiner Kindheit und Jugend undenkbar.

Sogar der eher pragmatische Berliner ist in Sachen Kartoffeln puristisch: Als Kartoffelklöße gelten ihm nur die ehrlichen Klöße, die aus gekochten oder rohen (grüne Klöße) Kartoffeln bestehen. Klöße mit Semmeln oder gar Pflaumen? Igittigitt! Da schüttelt sich der Streusandbüchsen-Eingeborene.

Apropos Schütteln: Heute (Juli 2022) habe ich in einem Berliner Supermarkt, im Kartoffelland Brandenburg, ein Netz Kartoffeln gekauft. Zu Hause las ich die Herkunftsangabe: Ägypten. Sind wir irre?

In den Supermärkten der preiswerten Kategorie findet man meist ausschließlich EU-Normkartoffeln, denen Eigengeschmack ebenso ausgeprägt ist, wie der Tomatengeschmack holländischer oder auch deutscher Treibhaustomaten.

Sehr gute Erfahrungen habe ich auf dem Markt in meiner mittelbaren Nachbarschaft gemacht. Dort gibt's je nach Jahreszeit mindestens vier Sorten Kartoffeln. Sollen es festkochende Sorten sein, empfehlen sich LINDA, LAURA oder ANABELLA. Die von mir sehr geschätzte mehlig kochenden Sorten sind AFRA und BELANA. Bei letzterer muß man sich an kürzere Kochzeiten gewöhnen, Ich schneide große Kartoffeln durch (ungefähr Ei-Größe); dann beträgt die Kochzeit nur 18 Minuten. Läßt man sie länger kochen, zerfallen sie (sind aber auch dann immer noch verwendbar).

Mit solchen Kartoffeln kann man die verrücktesten Dinge anstellen. Man schaue einfach mal in seinen (gut bestückten?) Kühlschrank. Fast alles, von Gemüse über Wurst bis hin zu Käse läßt sich mit ein paar ausgesuchten Kräutern oder Gewürzen zu einer schnellen Kartoffelmahlzeit zubereiten. Der Phantasie sind dabei keine Grenzen gesetzt, es gelingt fast alles.

Kartoffel-Geschichte(n)

Kartoffeln gab es in Süd-Amerika schon vor 5.000 Jahren in Regionen, die heute Bolivien und Peru heißen. Die Inkas nannten das nahrhafte Gewächs ‚papas'. Ein treffender Begriff für mich, die Kartoffel hat wirklich etwas Väterliches.

Ein englischer Sklavenhändler soll sie nach England gebracht haben. Das war der gar nicht ehrenwerte Mr. Potatoe.

Die Spanier, dem mittleren und südlichen Amerika nur Unheil bringend, brachten die Kartoffel nach Kontinental-Europa. Dort hielt man sie zunächst für eine exotische Zierpflanze.

Doch die Italiener, seit alters her etwas denkfixer als die europäischen Nordlichter, erkannten rasch die kulinarische Nähe der neuen Nutz-Pflanze zu den bekannten Trüffeln und nannten sie ‚tartufolo'. In Holland nannte man sie, ihre Bedeutung ebenfalls rasch erkennend, ‚aardappel'. Die Teutschen übernahmen die italienische Bezeichnung als Tartoffel und nach Beseitigung des doppelten Zungenschlags schließlich als Kartoffel.

In Preußen erkannte der ‚Alte Fritz' ihre Bedeutung als nährstoffreiches und gesundes Lebensmittel. Nun ja, wahrscheinlich nicht er selbst, sondern seine Fachleute. Deren Rat pflegt die Politik zwar manchmal zu befolgen, oft aber zu ignorieren.

Aber wie sollte man diese Neuheit einführen? Ländlich gefestigte Beharrungs-Mentalität stand gegen die jedem Menschen immanente Neugier, auch die der preußischen Bauern. Das wußte auch der Alte Fritz. Er kannte seine bäuerlichen Pappenheimer besser, als diese sich selbst: „Was der Bauer nicht kennt, das frißt er nicht".

Doch „was verboten ist, das macht uns grade scharf", sang der querdenkende Berliner Barde Wolf Biermann schlechte zwei Jahrhunderte später und hatte damit recht.

Im Jahr 1740 befahl der König, in Berlin Kartoffelfelder anzulegen. Diese seien von seinen Grenadieren Tag und Nacht streng zu bewachen.

Daß es den Bauern trotz des sonst sehr effizienten Regiments ihres Königs erstaunlich leicht gelang, die kostbaren Pflanzen von den königlichen Feldern zu klauen, schien ihnen nicht aufzufallen. Ein Kunststück aber war das nicht. Der Alte Fritz hatte nämlich seine Grenadiere angewiesen, bei jedem Kartoffel-Raubzug der Bauern ganz genau Ausschau zu halten - aber immer in die entgegengesetzte Richtung.

So klauten sie also erfolgreich, probierten ihre Beute aus und die Kartoffel trat ihren Siegeszug in Preußen an.

"Wanderer, kommst Du nach Sanssouci, so achte der Kartoffeln auf dem Grabe des großen Königs. Weshalb sie dort liegen, hast du eben gelesen".

In Frankreich waren Ludwig XVI. und Marie Antoinette bekannte Kartoffel-Liebhaber. Zumindest bis zu ihren jeweilig letzten Besuchen auf der Place de la Révolution ...

Zeitsprung

In der „Zone" wurden Kartoffeln, Nudeln und Reis auf den Speisekarten „Sättigungsbeilagen" genannt. Mit dieser Erkenntnis hatte der wissenschaftliche Marxismus-Leninismus auch hinsichtlich der Kartoffelküche ein weiteres mal seine analytische Dominanz bewiesen. Es ist ja eine, insbesondere aus dem US-Küchen-Imperialismus bekannte, kapitalistische Dekadenzerscheinung, daß das Hineinstopfen von fetten Kartoffelprodukten (Chips) den homo sapiens erectus zur Spezies der couch potatoes degenerieren läßt, die nur noch auf dem Fernsehsofa liegend existieren kann.

In Schwaben, Bayern und anderen südlich-schwarzen Gegenden meint man, daß Kartoffeln erst eßbar werden, „wanns durch d´Sau triem san". Die haben ja keine Ahnung, was ihnen entgeht!

Kartoffeln (lat. solanum tuberosum) sind ein Nachtschattengewächs und gehören zur selben Familie, wie Tomaten und Tabak. Wie die Tomaten enthält ihr Kraut in den "Augen", das sind die grünen Stellen, das hochgiftige Solanin (100 g grüne Kartoffel enthalten 50 mg Solanin; die tödliche Menge beträgt 400 mg). Man tut also gut daran, diese Stellen sorgfältig zu entfernen. Da sich Solanin im Kochwasser löst, sollte man dieses weggießen.

Die fast 4000 Kartoffelsorten sind Grundnahrungsmittel von 2/3 der Weltbevölkerung, drittwichtigste Nahrungspflanze und haben einen höheren Nährwert, als alle anderen Nahrungsmittel (so decken z.B. 100 g Kartoffeln 23 % des Tagesbedarfs an Vitamin C). Vitamin C ist wasserlöslich (besonders in heißem Dampf). Daher sollten Kartoffeln erst unmittelbar vor der Zubereitung gewaschen werden und auch nicht im Wasser stehen bleiben. Beim Kochen <u>nicht</u> mit Wasser bedecken (Maximaltemperatur: 100 °C, Dampf ist heißer), um Vitamin C möglichst zu erhalten.

Beim Frittieren kommen die Kartoffeln nicht mit Wasser in Berührung. Pommes Frites enthalten daher mehr Vitamin C, als gekochte Kartoffeln, sind also zumindest in dieser Beziehung gesünder. Überhaupt ist der schlechte Ruf der Pommes Frites hinsichtlich ihrer gesundheitlichen Nachteile kaum gerechtfertigt, wenn man sie richtig zubereitet (siehe Variation).

Erfunden wurden die Pommes Frites in Belgien von den Eisfischern der Maas: als es in einem Winter keine Fische gab, hat man statt dessen kleine Fische aus Kartoffeln geschnitzt und diese dann fritiert und verkauft.

KARTOFFEL-VARIATIONEN

Salzkartoffeln

Kartoffeln schälen und waschen. Wasser zugießen, ohne die Kartoffeln zu bedecken. Etwas Butter oder Margarine im Kochwasser machen selbst festkochende Kartoffeln mehlig (funktioniert nicht mit Salatkartoffeln). Salz zugeben, aber nicht zuviel (für 1 l Wasser reicht ein gestrichener Tl).

Etwa 20 min kochen, Wasser ab- und weggießen (wegen des Solanin-Gehalts). Den Topf wieder auf die inzwischen abgeschaltete Platte stellen, um das Restwasser zu verdampfen (feuchte Kartoffeln sind matschig und unappetitlich).

Salzkartoffeln lassen sich auch sehr gut in der Mikrowelle zubereiten. Das hat den Vorteil, daß man mit sehr wenig Wasser auskommt (je nach Menge genügen ein bis zwei Eßlöffel) und die Inhaltsstoffe nicht mit dem Kochwasser ausgespült werden. Nach dem Garen sollte man die Kartoffeln noch ein paar Minuten in der Mikrowelle ruhen lassen, damit sich die Hitze gleichmäßig verteilen und die Kartoffeln durchgaren kann.

*

Pellkartoffeln

Hin und wieder liest man Warnungen vor dem Verzehr von Kartoffeln mit Schale. Solche Warnungen sind bedingt berechtigt. Kartoffeln (lat. solanum tuberosum) sind ein Nachtschattengewächs und gehören zur selben Familie, wie Tomaten und Tabak. Wie die Tomaten enthält ihr Kraut in den "Augen", das sind die grünen Stellen, ein Glykoalkaloid, das hochgiftige Solanin (100 g grüne Kartoffel enthalten 50 mg Solanin; die tödliche Menge beträgt 400 mg). Solanin löst sich im Kochwasser, das man daher wegggießen sollte.

Alle „Augen", alle angedrückten Stellen und natürlich alle Keime sollten sorgfältig und großzügig entfernt werden. Möchte man Pellkartoffeln mit der Schale verzehren, ist auch darauf zu achten, ob sie zur Erhöhung ihrer Haltbarkeit chemisch behandelt wurden. Die Rückstände der verwendeten Chemikalien reichern sich vorwiegend in der Schale an. Derartige Behandlungen sind auf der Packung oder dem Herkunftsschildchen angegeben. Ebenfalls vermeiden sollte man Frühkartoffeln; deren Solanin-Gehalt ist deutlich höher, als das der späten Sorten. Auch die Lagerungsart von Kartoffeln hat Einfluß auf die Entwicklung schädlicher Stoffe. Kartoffeln sollten dunkel und kühl (optimal sind ca. 10 °C) gelagert werden.

Für Freunde ungepellter Pellkartoffeln (sic!) empfehlenswert sind Drillinge. Dies ist keine Sorte sondern eine Größenbezeichnung für Kartoffeln unterhalb der von der EU verordneten Kartoffel-Mindestgröße.

Kartoffeln, gedämpft

Besonders geeignet sind Frühkartoffeln oder kleine Kartoffeln (große Kartoffeln kleinschneiden). Tut man Kräuter in das verdampfende Salzwasser, nehmen die Kartoffeln deren Geschmack an. Damit lassen sich reizvolle Geschmacksvarianten erzielen. Dampfzeit: 10 min

Bratkartoffeln

Geeignet sind sowohl gekochte als auch rohe Kartoffeln.

Rohe Kartoffeln sollten mit Küchenkrepp getrocknet werden (nur trockene Kartoffeln werden braun). Mit etwas Mehl bestäubt bräunen sie besonders gut.

Butterschmalz oder geeignetes Öl in einer Pfanne (am besten aus Gußeisen) hoch erhitzen. Kartoffelscheiben (nur eine Lage) in die Pfanne geben und von beiden Seiten scharf anbraten. Hitze reduzieren (Herd 30 %)) und Kartoffeln goldbraun braten.

Mit unterschiedlichen Fetten lassen sich unterschiedliche Geschmacks-Varianten erzielen. Empfehlenswerte Varianten sind Gänseschmalz oder Olivenöl (dabei aber auf Temperaturbegrenzung achten). Eine mögliche Standardvariante ist eine Mischung aus Öl (2/3) und Butter (1/3). Wer es ganz einfach mag, nehme Butaris.

Gebackene Kartoffeln

Backofen auf 220 °C vorheizen. Kartoffeln mit Öl einpinseln und in gefettete hitzefeste Form geben. Ca. 75 min auf oberster Schiene backen (bei großen Kartoffeln). Oder Kartoffeln achteln (Kartoffelspalten) und in wenig heißem Öl wenden. Würzen mit Curry, Sesamsamen oder Parmesan und in 30 min garen. Eine Bißprobe wie bei Nudeln 'al dente' (ital. zum Zahn, zahngerecht, beißbar) ist ratsam.

Folienkartoffeln

Backofen auf 190 °C vorheizen. Trockene Kartoffeln mit Butter, Schnittlauch und Estragon oder Minze in Folie wickeln und auf oberer Schiene 45 min backen.

Kartoffeln im Römertopf

Topf 20 min wässern. Trockene Kartoffeln mit Olivenöl und zerlassener Butter einpinseln und in den Topf geben. Salzen und für die deftige Variante eventuell eine Scheibe Räucherspeck zugeben. Römertopf in den kalten Ofen schieben und auf 200 °C heizen; ca. 100 min garen. Zwischendurch immer mal wieder prüfen, ob die Kartoffeln weich werden (sie sollen nicht zerfallen). Die garen Kartoffeln peffern (frisch gemahlen) und mit Petersilie servieren.

Rösti

Rösti gehören nicht zur Berliner oder brandenburgischen Küche. Dennoch sind sie in das Repertoire des Kartoffel-Liebhabers aufgenommen. Ihre Zubereitung ist zwar etwas zeitaufwändiger als Pellkartoffeln, lohnt sich aber für Gerichte, bei denen die Kartoffel nicht nur Aufnehmer für die Soße ist, sondern ihren eigenen Geschmack zum abgerundeten Genuß beisteuert. Nach meinem Geschmacksempfinden trifft dies insbesondere auf Pilzgerichte zu. Pfifferlinge mit Pellkartoffeln sind ein Gedicht; Pfifferlinge mit Rösti eine „Ode an den Gaumen".

Zutaten:

750 g	Pellkartoffeln (möglichst festkochende Frühkartoffeln)
¼ Tl	Salz
¼ Tl	Pfeffer (frisch gemahlen)
1 Msp	Muskatnuß (frisch gerieben)
1	Ei
1 Tl	Kartoffelstärke

Zubereitung:

Pellkartoffeln kochen (nicht ganz gar, d.h. ca. 15 min). Kartoffeln pellen und mit Reibe raffeln; Salz, Pfeffer, Muskat, Eier und Kartoffelstärke zugeben und alles kräftig durchkneten. Flache Fladen in gewünschter Größe formen und in heißem Fett (2/3 Öl, 1/3 Butter; Herd Stufe 2) von beiden Seiten je 7 min knusprig braten.

Das Problem – wenn es denn eines ist – besteht darin, die Rösti zeitgleich mit dem eigentlichen Gericht zuzubereiten. Lauwarme oder aufgewärmte Rösti verderben das ganze Gericht.

Quetsch-/Stampfkartoffeln/Kartoffelpüree

Quetschkartoffeln sind die probate Beilage zu diversen Gerichten (z.B. Eisbein mit Sauerkraut, Schlachteplatte, Gulasch, Bouletten in Butter mit Zwiebeln, Königsberger Klopse). Der Aufwand für selbst zubereitetes Kartoffelpüree ist nur geringfügig höher als für Püree aus der Tüte, schmeckt aber deutlich besser.

Zubehör: Kartoffelstampfer

Zutaten für 4 Personen

1000 g	Salzkartoffeln, mehlig kochend
80 ml	Milch
80 ml	Sahne
160 g	Butter, gesalzen

Zubereitung in ca. 25 min

Kartoffeln in gleichgroße Stücke schneiden, garkochen, abgießen und das Restwasser abdampfen lassen. Butter zufügen und
Kartoffeln stampfen. Milch und Sahne zusammen erhitzen und
unter die Kartoffeln rühren, bis die gewünschte Konsistenz erreicht ist. Falls zum Hauptgericht passend, mit Majoran würzen.

Quetschkartoffeln mit Sellerie

Quetschkartoffeln solo sind selbst für einen bekennenden Kar-
toffel-Fan wie mich eine etwas langweilige Angelegenheit. Aber
‚es muß nicht immer Kaviar‘ sein, um sie in den Rang eines
Hauptgerichtes zu erheben.

Mittlerweile habe ich's auch gerne fleischlos, nicht immer, aber
immer öfter. Weil ich Sellerie gerne mag, habe ich versucht, ihn
und die Kartoffel miteinander zu verkuppeln. Von allen Versuchen
war die einfachste schließlich die überzeugendste.

Zutaten und Zubereitung für 4 Personen

1000 g Sellerieknolle in grobe Würfel schneiden und mit einem
Zweig Thymian in ca. 1 l Wasser weichkochen. Das Kochwasser
in ein Gefäß abgießen. Geschälte Kartoffeln statt mit Leitungs-
wasser mit dem Selleriewasser kochen. Dann die weichge-

kochten Selleriewürfel zu den Kartoffeln gebe und beiden „quet-schen".

∗

Pommes Frites (nach This-Benckhard)

Pommes Frites können eine wirkliche Delikatesse sein. Für fertige, tiefgefrorene Ware gilt dies nicht. Die eigene Zubereitung ist aufwendiger, das Ergebnis aber um so schmackhafter.

Man erzählt sich, daß einst Mr. Vanderbilt "french fries" bestellte. Sie waren ihm nicht gut genug, er ließ er sie zurückgehen; dies dreimal hintereinander. Nun war der Koch sauer: "Jetzt mach ich sie ihm so dünn, daß sie ihm auf der Gabel zerbrechen!" Womit die Kartoffelchips erfunden waren.

Zubehör: Friteuse

Zutaten:
Kartoffeln (festkochend)
Öl nach individuellem Geschmack aber mit hohem Rauchpunkt
(s. Seite xxx)

Zubereitung:
Kartoffeln schälen, waschen und so schneiden, wie man sie fritiert gerne haben möchte (aber möglichst in gleicher Dicke). Je dicker die Scheiben, desto weniger Fett nehmen sie auf. Unter diesem Aspekt ist das Schneiden von Kartoffelspalten (Kartoffel wird in Längsrichtung geachtelt) empfehlenswert.

Geschnittene Kartoffeln wieder waschen und anschließend mit Küchenkrepp sorgfältig trocknen (wichtig aus mehreren Gründen: Wasserdampfbildung erschwert den Kontakt Kartoffel/Öl und führt zu schlechter Bräunung; Vitamin C wird gelöst).

Friteuse mit reichlich Öl auf 140 bis 160 °C erhitzen, trockene Kartoffeln reingeben und ca. 10 min fritieren (damit werden die Kartoffeln gegart). Kartoffeln rausnehmen und Öl auf 190° C bis 200° C erhitzen (bis es zu rauschen beginnt). Kartoffeln dazu geben und goldgelb werden lassen. Achtung: das geht sehr schnell; beobachten! Derart fritiert erhalten die Kartoffeln eine knusprige Oberfläche, bleiben aber innen weich.

Kartoffelsuppe

Kartoffelsuppe ist eines meiner Lieblings-Eintopfgerichte. Auch diese Vorliebe stammt aus meiner Kindheitszeit in Lindow. Heute gibt es dafür viele Rezepte in vielen Variationen hinsichtlich Zutaten und Konsistenz der Suppe. Die feinen Süppchen mag ich weniger. Immer noch schmeckt mir die gröbere, deftigere Lindower-Variante am besten. Ich habe sie x-mal zubereitet und immer wieder variiert, bis sie so schmeckte, wie bei meiner Oma.

Zutaten für 3 Personen:

1	kg	Kartoffeln
400	ml	Rinderfond
1	Stg	Porree, ¼ Sellerieknolle, 2 Mohrrüben
½		Teelöffel Salz
1		Eßlöffel Olivenöl
100	g	Speck, durchwachsen
2		große Zwiebeln
2		dicke Bockwürste
1	Tl	Lemonpepper
½		Bund Petersilie, kraus

Zubereitung in 60 min

Rinderfond und kleingeschnittenes Gemüse (Sellerie, „weißen" Porree, Mohrrüben) mit geschälten und geviertelten Kartoffeln, Salz und Wasser (Kartoffeln fast bedeckt) in geschlossenem Topf ca. 20 min gar kochen.

In der Zwischenzeit Olivenöl in Pfanne erhitzen, Speck zugeben und auslassen. Gehackte Zwiebeln zugeben und unter ständigem Rühren gut dunkelbraun rösten (dies ist ein wichtiger Schritt für den endgültigen Geschmack der Suppe: sind die Zwiebeln zu hell, fehlt der entscheidende Geschmack; sind sie schwarz verbrannt, schmeckt die Suppe bitter). Wenn die Zwiebeln die richtige Bräunung haben, Speck und Zwiebeln in ein Sieb geben und das Fett abtropfen lassen (die Suppe soll schließlich keine großen Fettaugen haben).

Suppe mit Kartoffelstampfer sämig drücken (nicht zu fein; die Konsistenz sollte noch etwas bissig sein). Entfetteten Speck/Zwiebeln und Pfeffer zugeben, gründlich umrühren. Herd abschalten und noch 10 Minuten ziehen lassen. Gewaschene und gerupfte Petersilie zugeben und alles nochmals gründlich umrühren.

Berliner Kartoffelsalat mit Bockwurst

Wann ist denn nun endlich Weihnachten, Heiliger Abend? Wann gibt's endlich was geschenkt? Kinder sind ungeduldig. Ich war's auch.

Ob immer Weihnachten war, wenn es bei uns am Abend statt Stullen Kartoffelsalat mit 'Bockwurst' gab, weiß ich nicht.

Apropos 'Bockwurst'. Die heißt so, weil sie traditionell auf Bockbier-festen verzehrt wurde. Na und? Wieso 'Bock'? Weil schon im Mittelalter in der Stadt Einbeck in Niedersachsen ein obergäriges, bekömmliches Bier erfunden wurde, daß sich zum Exportschlager der Zeit entwickelte. Die Bayern allerdings hatten Schwierigkeiten mit dem Aussprechen des Namens „Einbecker Bier". So wurde im bayerischen Dialekt aus Einbecker Bier das „Ainpöckisch Bier". Etwas später hieß es „Ainpöck" und dann nur noch „Bock".

Zurück zu Weihnachten. An Heiligabend gab es ...? Genau! Kartof-felsalat mit Bockwurst! Das war so in vielen Berliner Familien, deren Kinder ich damals kannte.

Heute, um geringfügige 70 Jahre älter, finde ich das recht vernünftig. Meine Mutter war mit vielen anderen Weihnachts-Vorbereitungen überbeschäftigt. Von denen war für mich das Plätzchenbacken am wichtigsten.

Am wichtigsten für meine Mutter aber war es, den Weihnachtsbaum zu schmücken. Dazu gehörte natürlich Lametta, unbedingt. Das mußte allerdings Faden für Faden und jeweils einzeln über die Zweige gehängt werden. Schließlich lebten wir in Preußen, und dort herrscht Ordnung! Ich dagegen fand's viel vergnüglicher, ein ganzes Bündel der dünnen Silberfäden aus fairer Entfernung kreativ auf den Baum zu werfen. Meine Mutter nannte das chaotisch, was wiederum ich nicht verstehen konnte. So gab es immer wieder denselben kleinen Heiligabend-Disput. Ohne ihn hätte uns beiden etwas gefehlt.

Er endete aber spätestens mit dem dumpfen Bummern an der Wohnungstür. Oh je! Wer glaubt denn mit fünf Jahren noch an den Weihnachtsmann? Ich doch nicht! Oder ...?

Nach dem Weihnachtsmann und der Bescherung gab es Abendbrot. Den Kartoffelsalat bereitete meine Mutter ohne die fette Schmiere (Mayonnaise) zu, die heute selbstverständlicher Teil aller Kartoffelsalate zu sein scheint. Mayonnaise als Fertigprodukt gab es damals noch nicht und ihre Herstellung ist recht anspruchsvoll. Wahrscheinlich hat meine Mutter deswegen ihren eigenen Kartoffelsalat kreiert. Dafür bin ich ihr noch heute dankbar, denn das glitschige Gemansche, das einem meist als Kartoffelsalat vorgesetzt wird, ist mir zuwider.

Das folgende Rezept habe ich in einem kurz nach dem Krieg erschienen Kochbuch gefunden und ausprobiert. Nach ein paar kleineren Änderungen stimmte der Geschmack.

Zutaten:

500 g	Kartoffeln, festkochend
1 Tl	Kümmel
1 Tl	Salz
2	Gewürzgurken
1	Apfel

für die Sauce:

80 ml	Gurkenwasser
1 Tl	Senf, mittelscharf
1 Tl	Zucker
1	Zwiebel, klein gehackt
1	Knoblauchzehe, klein gehackt
50 ml	Olivenöl
2 El	Schnittlauch, gehackt
	Salz und Pfeffer (weiß) nach Belieben
2	Bockwürste, dick!

Zubereitung:

Kartoffeln mit Kümmel in Salzwasser nicht ganz gar kochen (nicht länger als 20 min). Während der Kochzeit alle Zutaten für die Sauce in eine Schüssel geben und gut durchmengen.

Kartoffeln pellen (das geht lauwarm am besten), Apfel schälen. Kartoffeln, Apfel und Gurken in Scheiben schneiden und schichtweise in eine Schüssel geben. Auf jede Schicht eßlöffelweise Sauce geben und sehr sparsam salzen und pfeffern; wirklich s e h r sparsam. Lieber zu wenig und zum Schluß nachwürzen! Schließlich den Rest der Sauce zugeben. Die Salatscheiben sollten jetzt knapp bedeckt sein. Das Ganze abdecken und über

Nacht ziehen lassen. Kurz vor dem Servieren den klein gehackten Schnittlauch zugeben und alles noch einmal vermengen. Dabei aber vorsichtig vorgehen, um die Kartoffeln nicht zu zermanschen (schmeckt zwar trotzdem, sieht aber nicht gut aus).

Klingt nicht einfach, oder? Das Ergebnis schmeckt aber immer gut!

Ach ja, die Bockwürste ... siehe Seite xxx

Rosmarinkartoffeln

Kartoffeln und Rosmarin mit gutem Olivenöl sind mehr als nur Beilage; für mich waren sie schon oft ein sehr variables, immer schmackhaftes Hauptgericht (sieh auch Kapitel 5.1).

Zutaten:

500 g	Kartoffeln, neu
4	Rosmarinzweige
1	Knoblauchzehe
	Olivenöl
	Meersalz, grob
	Pfeffer, schwarz, frisch gemahlen

Zubereitung in 40 min

Ziel ist es, den Rosmaringeschmack in die Kartoffel zu bekommen. Dabei sollen die Kartoffeln zwar leicht angebräunt werden, der Rosmarin darf aber nicht verbrennen. Marinaden bringen meist keine optimalen Ergebnisse, weil sich das Öl wie ein Schutzfilm um die Kartoffeln legt, die dann den Rosmarin-Geschmack nur schlecht aufnehmen. Mit folgender Methode habe ich die besten Resultate erzielt:

Die Kartoffeln in Salzwasser mit 2 Zweigen Rosmarin etwa 12 bis 15 Minuten lang kochen. Sie sollen noch nicht ganz gar sein und sich später noch gut schneiden lassen, ohne dabei zu zerfallen. Danach das Kochwasser abgießen, den Rosmarin entsorgen und die Kartoffeln pellen und vollständig abkühlen lassen.

Etwas Olivenöl in einer großen Pfanne bei mittlerer Hitze erwärmen. Die Knoblauchzehen schälen, halbieren und mit den Schnittflächen in das Öl legen. Von einem Rosmarinzweig die Nadeln abzupfen und diese ebenfalls ins Öl geben.

Bei geringer Hitze gelegentlich schwenken, damit das Öl den Geschmack von Knoblauch und Rosmarin annehmen kann (etwa 15 min).

Währenddessen die kalten Kartoffeln entweder vierteln oder halbieren - ja nach gewünschter Größe. Die Kartoffeln in die Pfanne geben und langsam bräunen. Dabei gelegentlich, aber nicht zu oft, wenden. Sie sollen braun werden aber nicht zerfallen. Zwischendurch die Nadeln des letzten Rosmarinzweiges abzupfen und fein hacken. Wenn die Kartoffeln kurz vor dem erwünschten Bräunungsgrad sind, den Rosmarin hinzufügen, untermischen und sparsam mit Salz und Pfeffer abschmecken. Herd abschalten und Kartoffeln noch ca. 5 Minuten ziehen lassen. Sofort servieren, die Kartoffeln müssen heiß auf den Tisch kommen!

TOMATEN

Keine Tomaten im Haus? Das geht ja nun gar nicht! Jeder Mensch hat seine individuellen Vorlieben und Leidenschaften. Zu den meinen gehören zweifellos Tomaten.

Meine Oma wohnte in einem alten, aus großen granitenen Feldsteinen erbauten Haus in einem kleinen Dorf in der Nieder-Lausitz. Die für heutige Bauweisen extrem dicken Wände hielten die kleinen Stuben im Winter warm und im Sommer kühl.

Die Eingangsfront lag nach Süden. Dort hatte sie ihre Tomaten gepflanzt. In meinen großen Ferien gab es sie dort unerschöpflich. Von klein und grün, bis groß und rot. Wenn ich an den Stauden vorbeiging, wehte mir der intensive Duft des Tomatenkrauts entgegen. Die Früchte waren alles andere als den heutigen EU-Normen entsprechend. Sie wurden nur so groß, wie sie es wollten, hatten Flecken auf der Haut und waren überhaupt nicht rundbackig. Aber wenn man eine dieser eigenwilligen Früchte in den Mund gesteckt hatte und sie dann mit der Zunge am Gaumen zerdrückte, gab es eine Explosion intensivsten Tomatengeschmacks.

Heute bin ich schon froh, wenn ich Tomaten finde, die ihren wahren Geschmack wenigstens ahnen lassen. Treibhaus-Tomaten a la Holland gehören in die Rubrik moderner Unkultur. Die meisten sehen reklamemäßig verlockend aus und schmecken intensiv - nach gar nichts.

Nach meiner Erfahrung erzielt man für Rezepte mit Tomaten in der Regel mit Dosenware (z.B. Marzano-Tomaten aus dem Vesuv-Gebiet) gute Ergebnisse.

Natürlich bestätigen auch hier Ausnahmen die Regel. Bei Autofahrten durch Brandenburg halte ich an jedem Hofladen, an dem ich vorbeikomme. Dort habe ich schon Tomaten bekommen, die denen meiner Oma sehr nahe kamen.

Es waren wahrscheinlich die Mayas, die eine rote Frucht, "tomatl" (dickes Wasser), als erste kultivierten. Mit den Conquistadoren unguten Gedenkens kamen sie nach Europa. Zunächst nur als Zierpflanze und ob der ihnen angedichteten Liebeskräfte von der Kirche verboten, wur-de sie ab Mitte des 16. Jahrhunderts zunehmend als Lebensmittel erkannt und verwendet.

Die Tomate ist, wie auch die Kartoffel, ein Nachtschattengewächs. Sie enthält, insbesondere in den grünen Teilen am Stengelansatz Solanin, das in höheren Dosen giftig ist. Solanin ist hitzebeständig! Um sich an Tomaten zu vergiften, müßte man allerdings eine Unmenge verdrücken. Dennoch sollte man die solaninhaltigen Teile (Stengelansätze, grüne Stellen) der Tomaten (wie auch der Kartoffeln) wegschneiden.

Tomaten sollten nie zusammen mit Salatgurken gelagert werden. Sie setzen Ethylen (ein Gas) frei, das die Gurken gelb und weich werden läßt.

TOMATEN-VARIATIONEN

Tomaten sind ungemein vielfältig verwendbar. Zwischen ihrem genußvollen Verzehr als rohe Frucht und ihrer Verwendung in der Massen-Standardzutat Ketchup gibt es eine unermeßliche Vielfalt von Anwen-dungsmöglichkeiten. Auch hier sind nur meine eigenen Vorlieben berücksichtigt.

Falls in einem Rezept gefordert werden sollte, die Tomaten zu filetieren, ist das kein Grund zum Verzweifeln. Damit ist nur gemeint, daß die Tomaten enthäutet, entkernt und in Scheiben geschnitten werden sollen. Das geht ganz einfach – mit <u>festen</u> Tomaten.

Die Haut der Tomaten wird gegenüber dem Stengelansatz mit einem scharfen Küchenmesser kreuzweise eingeritzt und die Tomate für etwa 30 sec in kochendes Wasser gelegt. Dann sofort mit kaltem Wasser kurz abspülen, die Haut abziehen, die Tomaten in Längsrichtung vierteln und das Kerngehäuse heraustrennen. Fertig.

Tomatensuppe mit Graupen

Apropos Suppen: "Bevor ich vergeß', Ihnen zu erzählen ..."

Zu meiner Konfirmation schenkte mir eine „angeheiratete" Tante einen "Knigge für Heranwachsende". Offensichtlich meinte sie, wahrscheinlich zu Recht, daß ich einer solchen Lektüre dringend bedürfe. Es war die Zeit, in der Fräulein Erica Pappritz als Protokollchefin des Auswärtigen Amtes unter dem Motto "Wo wir sind, ist oben!", die Länge der Unterhosen für Männer bundesweit regelte. Als ich in besagtem Buch las (ja, ich habe es tatsächlich gelesen), daß "die Suppe den Magen öffnet und der Käse ihn schließt", hab' ich das als galaktisches Naturgesetz akzeptiert.

In venezianischen Kochbüchern des 16. Jahrhunderts wird diese typisch deutsche Sitte als 'alla tedesca' bezeichnet.

Die Zeit vergeht und der Mensch ist lernfähig. Als ich Jahrzehnte später in China lernte, daß es Sitte sei und erwartet würde, daß der Gast nach dem letzten Löffel Suppe (die man natürlich am Ende des Gastmahls serviert), seinen Hut nähme und sich verabschiede, fand ich das keineswegs erstaunlich.

Erstaunlich aber fand ich es, daß eine solch winzige (bürgerliche) Sitte nur 25 Jahre nach Maos großer proletarischer Kulturrevolution in Peking wieder allgemeiner Konsens war.

Zutaten:

500 g	Tomaten (gehackt, aus der Büchse)
50 g	Frühlingszwiebeln
1	Stangensellerie
1	Mohrrübe, klein
50 g	Perlgraupen, grob
2 El	Olivenöl
1 Msp	Pfeffer, schwarz (frisch gemahlen)
½ Tl	Salz
½ Tl	Basilikum, Thymian
1 El	Petersilie, fein gehackt

Zubereitung in 20 min

Zwiebeln, Mohrrüben und Sellerie putzen, klein schneiden und in erhitztem Olivenöl kurz anschwitzen. Die Graupen dazugeben und ca. 3 min mit andünsten. Umrühren nicht vergessen.

1 l Wasser zugießen, die Kräuter zugeben und alles zusammen mit Deckel ca. 10 min garen. Die gehackten Tomaten zugeben und weitere 3 Minuten köcheln lassen. Die Suppe mit Salz und Pfeffer abschmecken und mit Petersilie bestreuen.

Tomatensuppe pur

Purus nannten die alten Römer etwas, das ‚natürlich', das ‚rein' ist. Ein Purist ist also ein reinlicher Naturbursche (behauptet der Küchen-Lateiner). Zu den Naturburschen würd' ich mich gern zählen, nicht dogmatisch, aber immer dann, wenn's mir in den Kram paßt. Das ist überaus praktisch. Versuchen Sie mal, türkischen Gastgebern zu erklären, weshalb Sie Ihren Mocca ohne Zucker trinken möchten. Oder einem ägyptischen Cola-Verkäufer (Coca Cola in gestoßenem Eis im Blecheimer bei 35 °C im Schatten) in Gizeh, daß Sie sein Angebot als Mordversuch betrachten und lieber ein Glas kochend heißen Tee haben möchten.

Beides, und ähnliches, sind hoffnungslose Unterfangen. Die Puristen-Masche aber zieht immer; der Ursprung, die Offenbarung des Wesentlichen etc. Blöd nur, daß ich selbst glaube, was ich da rede.

Mit Tomaten verhält sich's ähnlich. Allerdings ist die Bandbreite des Wesentlichen dabei entschieden weiter als beim zuckerlosen Mocca.

Zutaten:

400 g	Tomaten in Stücken (Dose)
1	Zwiebel
1	Knoblauchzehe
1 El	Olivenöl
1 Tl	Zucker
2 El	Paprikamark
200 ml	Gemüsebrühe
1	Lorbeerblatt
¼ Tl	Salz
¼ Tl	Pfeffer
1 T	Basilikumblätter
2 El	Crème fraîche

Zubereitung:

Zwiebel, Knoblauch abziehen, fein würfeln und im Öl glasig dünsten, dann Zucker und Paprikamark unterrühren. Tomaten, Gemüsebrühe und Lorbeerblatt zufügen, alles ca. 10 Min. bei kleiner Hitze köcheln lassen. Lorbeerblatt entfernen, Suppe pürieren (oder auch nicht), mit Salz und Pfeffer würzen. Basilikum waschen, trocken schütteln, grob zupfen. Suppe auf zwei Schüsselchen verteilen und mit Crème fraîche sowie Basilikum garnieren.

Tomatensuppe mit Estragon (Winkfield-Suppe)

Diese Suppe war (angeblich) eines der Gerichte, das zu einem Essen anläßlich der Krönung von Königin Elisabeth II. gereicht wurde. „Angeblich" ist nur meine Meinung, denn diese Suppe ist so einfach zuzubereiten, daß sie eigentlich nicht in eine königlich-raffinierte Küche paßt.

Das Originalrezept ergibt eine wohlschmeckende aber relativ dünnflüssige Suppe. Ich habe das Rezept zu sämigerer Konsistenz hin abgewandelt und Tomaten-Polpa aus der Dose statt frischer verwendet.

Zutaten:

500 g	Tomaten-Polpa aus Dosen
3 El	Olivenöl
1 Tl	Knoblauch (s. Seite xyz))
1	kleine Zwiebel (in Ringe geschnitten)
1	Lorbeerblatt
½ Tl	Pfeffer
200 ml	Rinderfond
150 ml	Tomatensaft

1 Tl	Tomatenmark (dreifach konzentriert)
1 El	Estragon
½ Tl	Honig

Zubereitung:

Tomaten aus der Büchse in ein Sieb schütten und abtropfen lassen (Saft auffangen). Olivenöl erhitzen und Tomaten, Zwiebel, Knoblauch und Lorbeerblatt zufügen. Deckel auflegen und bei niedriger Hitze (Elektroherd Stufe 20 %) etwa 50 Minuten köcheln lassen. Zwischendurch mehrfach umrühren.

Den Topfinhalt durch ein Sieb passieren. Tomatensaft, Rinderfond, Tomatenmark, Pfeffer, Estragon und Honig hinzufügen. Unter Rühren zum Kochen bringen. Hitze reduzieren (Elektroherd 20 %). Falls Konsistenz zu dünn, Deckel einen Spalt weit offen lassen. Falls Konsistenz richtig, Deckel schließen. 30 Minuten simmern lassen.

Tomatensalat mit Gurken und Brot

Es gibt eine Unmenge von Tomatensalat-Varianten. Viele habe ich ausprobiert und jede mag ihre eigenen Vorzüge haben. Diese hier ist alleinübrig geblieben, weil ich außer dem Geschmack der Tomate auch den einer frischen Gurke mag.

Apropos: Tomate und Gurke harmonieren zwar geschmacklich bestens, in der Lagerung aber sind sie sich spinnefeind. Alle Ethylen bildenden Obst- und Gemüsesorten, wie Äpfel, Birnen und Tomaten sollten nie zusammen mit Gurken gelagert werden. Durch das Ethylen werden die Gurken sehr rasch überreif und ungenießbar.

Zutaten:

4	Tomaten; 1 Salatgurke
1 Tl	Knoblauch (s. Seite xyz)
1 Tl	Salz, Pfeffer (schwarz)
1 Tl	Chili-Flocken
4	Ciabatta-Scheiben (vom Vortag angetrocknet)
2 El	Aceto Balsamico (Waldhimbeeren wären gut, sind aber teuer)
4 El	Olivenöl
6 Zw	Basilikum

Zubereitung:

Tomaten enthäuten (siehe Seite xxx) und in kleine Würfel schneiden. Gurke schälen, längs halbieren und Kerne mit Teelöffel auskratzen. In Würfel schneiden. Knoblauch mit Salz und Chili-Flocken mischen und mit Tomaten und Gurken vermengen.

Ciabatta-Scheiben mit Wasser durchfeuchten und ausdrücken. Mit Aceto Balsamico beträufeln und ca. 10 min ziehen lassen. Kleinschneiden und unter die Gemüsemischung heben. Olivenöl dazu geben, Pfeffer darüber mahlen und Basilikum einrühren.

SPARGEL

Neben den Tomaten ist Spargel meine zweite große Gemüse-Leidenschaft.

Glücklicherweise wird fast überall in Deutschland Spargel angebaut. Ich habe lange in Köln gelebt - und Spargel aus dem Umland gegessen. Ich habe Freunde in Braunschweig - und oft mit ihnen Spargel aus deren Umland gegessen. Ich lebe wieder in Berlin und erlebe den jährlichen Hype um den Spargel aus Beelitz.

Für mein Geschmacksempfinden hängt der Genuß beim Spargelessen weniger von dessen Herkunft ab als von den Fähigkeiten des Kochs. In zwei, drei Gaststätten in Berlin und Beelitz mag ich das Spargelessen ganz besonders; sie haben fähige Köche, sie haben ein anheimelndes Ambiente und ihre Gäste sind freundliche Menschen.

Welches Gemüse beansprucht unter seinesgleichen wohl die größte Anbaufläche in Deutschland? Eben! Keine andere Nation vertilgt mehr Spargel pro Kopf und Jahr als wir in Deutschland: 1,7 kg weist die Statistik für das Jahr 2019 aus. Für mich kaum glaubwürdig, denn ich allein komme schon auf mindestens 10 kg pro Jahr (das entspricht etwa 20 Spargelessen).

Spargel (griech. asparagos; lat. asparagus); weitverbreitet in der Alten Welt, in Eurasien und in Afrika.

Ob schon die Alten Ägypter den Spargel kannten, ist fraglich. Ein Grabfresko in Sakkara, auf dem man Spargel entdeckt zu haben glaubte, zeigt leider nur den damals ortsüblich-selbstverständlichen Papyrus.

Die alten Griechen aber kannten ihn ganz gewiß. Er galt ihnen als Heilmittel und Aphrodisiakum und war heiliges Kranzgewächs der Aphrodite, die auf dem Olymp für Liebe und Schönheit zuständig war. Spargel und Liebe? „Honi soit qui mal y pense!"

Seinen kulinarischen Wert entdeckten erst die Römer. Marcus Portius Cato, der berühmt-berüchtigte Karthago-Hasser, hinterließ eine umfassende Anbau-Beschreibung für Spargel und Augustus lobte die Bekömmlichkeit und den guten Geschmack der „göttlichen Speise". Seinen unverzüglich auszuführenden Befehlen fügte er den Nachsatz „citius quam asparagi coquantur" hinzu: „Schneller als der Spargel gekocht wird". Das heißt in weniger als zwanzig Minuten.

Natürlich zählte auch der Jahrtausend-Experte für außergewöhnliche Speisen, Lucullus, den Spargel zu seinen Lieblingsgerichten: „Es kann nur der kochen, dem es gelingt, Spargel ohne Zutat in wonnigster Vollendung aufzutischen."

Mit den Koloniegründungen der Römer in Gallien und im westlichen Rheinland gelangte der Spargel auch in unsere Breiten.

Immer wieder wurde Spargel mit Liebe und Sex assoziiert:

Joanna Scothcott (1750-1814) war eine religiöse Frau, die in ihren späteren Lebensjahren an einer Gehirnerkrankung litt. Kurz vor ihrem Tode, mit 64 Jahren, behauptete sie, mit einem neuen Christus schwanger zu gehen. Um dies zu beweisen, verzehrte sie 160 gegarte Spargelköpfe auf einmal. Das galt damals als sicheres Zeichen für eine außergewöhnliche Schwangerschaft.

(nach: Emil Reimers. Das Spargel-Kochbuch, Heyne-Verlag, München 1971)

Das Spargelwachstum ist der Versuch, einen Stamm in die Höhe wachsen zu lassen, aus dem ein Busch wachsen kann. Das versucht er bis zu siebenmal. Die letzte Stange muss durchwachsen, um im nächsten Jahr wieder aberntbar zu sein.

Das Spargelstechen beginnt etwa Mitte April und endet traditionell am 24. Juni, dem Geburtstag von Johannes, dem Täufer. Die Zeit von da an bis zum ersten Frost (etwa 100 Tage) braucht die Pflanze, um einen kräftigen Busch (Spargelkraut) zu

entwickeln. Mittels Photosynthese bildet der Spargel neue Wur-
zeltriebe, die im kommenden Jahr austreiben und neue Stangen
bilden.

Ach ja, da gibt es noch eine Bemerkung zum Spargelgenuß:
Wer Spargel ißt, dessen Urin riecht streng. Das stimmt und liegt
an der Asparagusinsäure, die im Körper in schwefelhaltige Produkte aufgespalten wird und für den ‚Duft' verantwortlich ist. Ich
hab' das bei mir noch nie erlebt. Und wenn schon: auf der Toilette ist immer noch jeder mit sich allein!

SPARGEL-VARIATIONEN

Spargel ist reich an Vitaminen (Vitamin C, Provitamin A, Vitamin B1 und B2) und Spurenelementen (Phosphor, Calcium und Kalium). Damit viele dieser Bestandteile erhalten bleiben, sollte Spargel in wenig Wasser gekocht werden. Nur so viel Wasser nehmen, daß die Spargelstangen gerade bedeckt sind. Profis kochen den Spargel gerne stehend im Spezialtopf. So garen die "Füße" im Wasser, die Köpfe hingegen im Dampf.

Da Salz die "auslaugende Wirkung" des Wassers einschränkt, sollte das Wasser leicht gesalzen sein, bevor das Gemüse hineingelegt wird. Für eine schonende Zubereitung, die möglichst viele Vitamine im Spargel erhält, genügt ein Teelöffel Salz. Mit dieser geringen Menge läßt sich das Kochwasser anschließend auch gut für eine Suppe oder Brühe verarbeitet.

Spargel enthält Bitterstoffe. Um diese zu neutralisieren, sollte man dem Kochwasser einen Eßlöffel Zucker pro Liter Wasser zugegeben.

Tip: Besonders grüner Spargel enthält eine höheren Anteil an Bitterstoffe als weißer. Das Kochwasser für den Grünen sollte also unbedingt gezuckert werden.

Generell gehört an fast jedes Gemüse ein Hauch von Fett/Öl, um es für die Verdauung leichter aufschließ- und verwertbar zu machen. Im Kochwasser des Spargels ist 1 Tl Butter ausreichend.

Zitronensaft "bleicht" den Spargel, d.h. daß die Zitronensäure das Chlorophyll oxidiert. Daher werden die Spitzen etwas heller, wenn man einen Spritzer Zitronensaft in das Kochwasser gibt. Allerdings ist dieser Effekt beim grünen Spargel nicht erwünscht. Hier sollte auf die Zugabe von Zitronensaft verzichtet werden.

Unter einer zu langen Kochzeit leiden nicht nur die Vitamine. Der Spargel schmeckt dann matschig. Andererseits läßt aber der "al dente" gekochte Spargel manchen Esser dessen zarten Geschmack vermissen. Man muß also seine eigenen Vorlieben durch die Variation von Kochzeiten und Kochwasser-Zutaten selbst herausfinden. Tipp: Wie weit der Spargel gegart ist, kann man grob mit einer Gabel (Druck und Stich) prüfen.

Ganz gleich, ob ich mir Spargel selbst zubereite oder im Restaurant bestelle, es ist immer dieselbe Variante: Spargel pur mit Salzkartoffeln und brauner Butter. All die mehr oder weniger raffinierten Beilagen sind nicht mein Ding. Daher gibt's in diesem Buch zum Spargel auch nur ein Rezept.

Spargel sollte man nicht verkosten, sondern als Hauptbestandteil eines Essens genießen. Mit fünf oder sechs einsamen Stangen auf einem großen Teller ist das kaum möglich. Von den etwa daumendicken Stangen sollte man etwa zehn Stück auf dem Teller haben, das entspricht etwa 500 g geschälten Spargels, d.h. man braucht ca. 800 g ungeschälten Spargel. Leider verkaufen die Supermärkte meist abgepackte, ungeschälte 500 g Gebinde. Das ist zu wenig. Überhaupt sollte man zur Spargelzeit (siehe oben) nur an den einschlägigen Buden kaufen. Besonders an denen, die von einem namentlich genannten Spargelhof betrieben werden. Die sind zwar teurer als der Supermarkt aber auch deutlich besser, weil sie die Qualität eines Namens versprechen.

Spargel pur

Zubehör: Spargelschäler

Zutaten für 1 Person

800 g	Spargel, weiß, ungeschält
3	Kartoffeln, groß, mehlig kochend
7 El	Butter, gesalzen (KEINE geriebene Semmel!)
1 Tl	Honig
1 Tl	Limettensaft

Zubereitung in 20 min

Kartoffeln schälen und aufsetzen. Die Kochzeit wird ca. 25 min betragen.

Eine doppelte Lage Küchenkrepp auslegen. Spargelstangen auf das Papier legen und unter langsamem Rollen Streifen für Streifen schälen. Die Schale muß vollständig entfernt werden; mit holzigen Spargelfasern im Mund verdirbt man sich zuverlässig jeden Genuß. Die Schalen aufheben. Vom unteren Ende einer jeden Stange das verfärbte Ende (mindestens 2 cm) abschneiden und aufheben. Mit einem scharfen Schäler und einigermaßen geraden Stangen geht das Schälen flott von der Hand und dauert ca. 5 min.

Wasser mit 1 El gesalzener Butter, Zucker und Limettensaft zum Kochen bringen. Die Schalen und Endstücke hineinlegen und 30 min in bei niedriger Temperatur köcheln lassen. Dann alle Feststoffe herausnehmen und entsorgen. Die Stangen in die siedende Spargelbrühe legen (ggf. kürzen, falls Topf-Durchmesser zu klein). Die Kochzeit wird etwa 10 min betragen. Ohne Deckel kochen. Gegen Ende Gabelprüfung.

Geriebene Semmel in der Butter sind eine Unsitte, die den Geschmack verdirbt! Die restliche Butter in kleinem Behältnis unter ständigem Rühren erhitzen, bis sie zu dunkeln beginnt. Behältnis sofort von der Platte nehmen!

Spargel mit Salzkartoffeln und brauner Butter servieren. Sonst nichts!

PASTA & PIZZA

Als Berliner Nachkriegskind kannte ich Nudeln nur als Makkaroni mit Tomatensauce. Die gab's aber leider nicht so häufig, wie ich es mir damals wünschte. Vielleicht war ihre Zubereitung für meine Mutter eine etwas fremde, gewagte Küchenunternehmung.

In der meiner Mutter folgenden Generation (meiner) hat die Nudel in ihrem Gewand als Pasta die Welt erobert; für mich zunächst nur als Spaghetti à la Bolognese. Das trug nicht unwesentlich zum Boom der Waschmittel-Industrie bei.

Mein Sohn hat seine Fertigkeiten im Kleckern schon als Kleinkind unter Beweis gestellt. Er spie den eben gelöffelt bekommenen Spinat vollstmundig in hohem Bogen an die weiße Rauhfaser-Tapete. Das hat ihn sehr amüsiert. Er lachte sich in meinen Armen krumm. Seine Mutter und ich überlegten dann, ob wir nicht um das Spinat-Objekt an der Wand einen Rahmen legen und dieses Ensemble als post-natale Frühkunst vermarkten sollten. Das Überstreichen war weniger aufwendig.

Mir selbst aber war es vorbehalten, die Kunst der Kleckerei beim Essen von Spaghetti Bolognese zu absoluter Vollkommenheit zu entwickeln. Mit Sicherheit flog nach jedem Essen von Spaghetti Bolognese eine Krawatte (damals trug man noch diese seltsamen Halsstricke) stark bekleckert in die Tonne.

Heute trage ich keine Krawatten mehr. Wenn ich Spaghetti Bolognese esse, stecke ich mir die Serviette in den Kragen. So wird Kleckern zum Teil des Genusses!

Der Streit der Kulinarier um die Erfindung der Pasta ist recht amüsant. Wir Europäer gehen selbstverständlich davon aus, daß die Nudeln in Italien erfunden wurden. Dieser Meinung widersprechen allerdings vehement die chinesischen Gourmets und dies seit 2005 sogar wissenschaftlich begründet. Chinesische

Archäologen haben bei Ausgrabungen in Lajia, am gelben Fluß im Nordosten Chinas, die mit 4000 Jahren ältesten Nudeln der Welt entdeckt. Die Hirse-Nudeln aus der Jungsteinzeit waren gelb, über 50 cm lang und hatten einen Durchmesser von 3 Millimetern. Sie erinnern stark an die noch heute in China gefertigten La-Mian-Nudeln. Auch die Behauptung, daß Marco Polo die Kenntnis über die Zubereitung von Nudeln aus China zurück nach Venedig gebracht haben soll, hat sich als bloßes Gerücht erwiesen.

Fröhliche Erinnerungen an Dispute zwischen Schwaben und Chinesen über die Erfindung der Maultaschen: Die Schwaben reklamieren deren Erstgeburtsrecht lautstark für sich, während die Chinesen souverän auf die uralte Wan Tan-Suppe verweisen, in der sie traditioneller Bestandteil sind. Einem deutschen (aus Schwaben) und einem chinesischen Werkstoff-Wissenschaftler, beide die führenden Werkstoff-Wissenschaftler ihrer Länder bei ihrer „Fachdiskussion" über den Ursprung der Maultaschen zugehört zu haben, ist eine der fröhlichsten Erinnerungen an eine west-östliche Begegnung.

PASTA-VARIATIONEN

Irgend jemand hat einmal gezählt, wie viele Pasta-Variationen (nur der Nudeln, ohne die Beilagen) es gibt. Es sollen 208 sein. Diese Zahl multipliziert mit den möglichen und angeblich unmöglichen Beilagen ergibt eine astronomisch große Variationsbreite von Pasta-Gerichten. Und das allein für Italien.

Die Italiener und ihre Pasta.

Die Franzosen und ihr Käse.

Jedes Land Europas und sein ...

Europa besteht gegenwärtig aus 47 Ländern. Deren Küche ist sicher nicht weniger reichhaltig, als die von Länden auf anderen Kontinente.

Ist das nicht wunderbar und unbedingt erhaltenswert? Unglaubliche Vielfalt, unendlicher Genuß. Müssen wir nicht erst schaffen. Haben wir bereits – seit Jahrtausenden. Das ist Europa. Erhalten wir es uns und denen, die nach uns kommen!

Pasta kochen

Wie kocht man Pasta richtig? Der Meinungen und Geheimtips darüber sind gar viele! Mit folgenden Grundregeln bzw. Erfahrungen habe ich gute Ergebnisse erzielt:

Ein großer Topf ist nötig, damit die Pasta schwimmen können und nicht miteinander verkleben. Für ca. 100 g Pasta sollte man ca. 1 Liter Wasser und einen gestrichenen Teelöffel Salz nehmen. Wer das Salz in das Wasser gibt, bevor es richtig singt, ist als Koch von Pasta ein für allemal unten durch – bei unseren italienischen Nachbarn. Weshalb? Das wissen nicht mal die Lebensmittelchemiker; vielleicht haben aber die Homöopathen eine esoterische Erklärung auf Lager? H_2O ist H_2O und $NaCl$ ist $NaCl$. Ich schütte beide von Anfang an zusammen.

Pasta langsam in das kochende Wasser gleiten lassen; z.B. lange Spaghetti schräg von der Seite mit wenig Druck in den Topf schieben. Deckel drauf, aufkochen lassen dann Pasta mit der Gabel auflockern.

Die Garzeiten (al dente) reichen von 5 min bis zu 15 min; Spaghetti ca. 5 min, Penne ca. 12 min. Probieren geht über Studieren. Topf vom der Herdplatte nehmen 1 Tasse kaltes Wasser zugießen, ½ min warten und dann abgießen.

Pasta niemals unter fließendem Wasser abspülen. Dieser aus Unkenntnis der Kochchemie immer wieder propagierte Fehler beeinträchtigt den Geschmack, schwemmt Nährstoffe aus und beseitigt den Stärkefilm. Stärke macht die Pasta klebrig und sie verbindet sich optimal mit der Sauce - und das ist schließlich eine erwünschte Eigenheit der Pasta. Natürlich möchte man aber nicht, daß die Pasta ineinander verklebt. Das läßt sich leicht vermeiden: man muß nur die Pasta sofort nach dem Abgießen mir der Sauce vermischen: Etwas Nudelwasser mit Pesto vermischen, Nudeln dazugeben und kräftig durchrühren.

Das stärkehaltige Kochwasser eignet sich auch gut zum Binden der Sauce. Wenn man Pasta für Aufläufe vorbereitet, sollte man sie nicht ganz gar kochen; sie werden sonst im Ofen matschig.

Spaghetti aglio olio e Peperoncino

Sie wickeln ihre Spaghetti mit der Gabel auf? Ich auch! Aber wer hat die Gabel erfunden?

Ovid dekretierte, daß feste Speisen mit den Fingerspitzen der rechten Hand zu greifen und zum Mund zu führen seien. Das galt viele Jahrhunderte lang als feines Benehmen. Bis im Jahr 1004 eine byzantinische Prinzessin den Sohn des Dogen von Venedig heiratete. Bei ihrem Hochzeitsmal benutzte sie ein kleines Werkzeug, das sie aus Byzanz mitgebracht hatte: ein unten zweifach zugespitztes Gerät mit langem Stil. Das war die Piròn, wie sie die Venezianer nannten. Die Kirche allerdings verdammte das kleine Eß-Hilfsmittel als teuflische Erfindung. Erst 700 Jahre später brach Ferdinand IV, König von Neapel aus dem Hause Bourbon diesen Bann. Er hatte die Macht und aß für sein Leben gern` Aglio Olio e Peperoncino.

Zutaten:

200 g	Linguine (Spaghetti tun's auch)
3 Tl	Knoblauch (s. Seite xyz)
2 Tl	Chiliflocken
¼ Bd	Petersilie, glatt
4 El	Olivenöl
	Salz, Pfeffer frisch gemahlen
1 Tl	Zitronensaft

Zubereitung in ca. 20 min

Spaghetti 'al dente' kochen. In der Zwischenzeit das Olivenöl in einer großen Pfanne moderat erhitzen (Herd maximal 50 %). Knoblauch und Petersilienblätter kurz dünsten. Spaghetti zugeben und alles durchmischen. Salzen und Pfeffern aus den Mühlen, Zitronensaft darüber 'stäuben'.

Spaghetti mit Ragout Bolognese

Ich mag Spaghetti Bolognese. Viele Jahre lang habe ich die Sauce nach alter Mütter Sitte mit Hackfleisch zubereitet - bis ich im Wartezimmer meines Zahnarztes in einer zerfledderten Illustrierten Ausgabe das nachfolgende Rezept fand - und die Illustrierte noch stärker fledderte. Schon das ersten Nachkochen beförderte mein bisheriges Rezept in den Papierkorb. Die Gewürze und die Zubereitungsart habe ich meinem Geschmack angepaßt.

Zutaten:

300 g	Rinderbeinscheibe
200 g	Schweinenacken
200 g	Lammschulter (mit Knochen)
3 El	Olivenöl
1	Scheibe Sellerie (ca. 1 cm dick)
2	Knoblauch (s. Seite 117)
1	Mohrrübe, groß
1	Zwiebel, groß
½ Bd	Petersilie
200 g	Tomatenstücke im eigenen Saft Büchse)
1 El	Tomatenmark (dreifach konzentriert)
1	Lorbeerblatt
1 El	Thymian
2 Tl	Lemonpepper (einfacher weißer Pfeffer tut´s auch)
1 Tl	Salz
1 Msp	Chili-Flocken
2 Tr.	TABASCO scharf (rotes Etikett)
100 ml	Weißwein
200 ml	Rinderfond
30 ml	Creme fine (7 % Fett)
200 g	Pappardelle (breite Bandnudeln), Parmesan

Zubereitung in 60 min

Bräter (möglichst schwer; Guß) mit Olivenöl moderat vorheizen (Herd maximal 50%). Das gesalzene Fleisch etwa 5 min von jeder Seite anbraten. Aus dem Bräter nehmen, beiseite stellen. Mohrrübe, Zwiebel und Sellerie putzen und in kleine Würfel schneiden, und zusammen mit dem Knoblauch und dem

Tomatenmark in den Bräter geben. Alles unter ständigem Rühren andünsten, bis die Zwiebeln leicht hellbraun werden.

Dann mit dem Weißwein ablöschen, die Flüssigkeit auf etwa die Hälfte reduzieren (bei niedrigen Temperaturen und gelegentlichem Umrühren verdampfen lassen) und dann mit Rinderfond und den Tomatenstückchen auffüllen.

Das Fleisch und den Lorbeer hinzufügen, Deckel aufsetzen und alles etwa 3 Stunden bei ca. 40 % garen. Zwischendurch den Gar-Fortschritt prüfen. Fleisch mit der Gabel anstechen und abzuheben versuchen. Wenn sich die Fasern lösen lassen, ist das Fleisch gar.

Pasta wie üblich al dente kochen!

Fleisch herausnehmen und mit 2 Gabeln in kleine Stückchen zupfen. Fett, Knochen und Sehnen entfernen und verwerfen.

In die Sauce Pfeffer, Thymian und die gehackte Petersilie geben und umrühren. Creme fine zugeben, ganz kurz aufkochen, dann das Fleisch dazu geben und alles bei offenem Deckel etwa 5 min sieden lassen.

Pasta mit dem Ragout mischen und mit geriebenem Parmesan bestreuen.

Klingt kompliziert, ist aber nur eine folgerichtige, schrittweise Abarbeitung. Nur Mut! Das Ergebnis lohnt den Einsatz.

Spaghetti mit Garnelen und Tomaten

Zutaten für die Sauce:

150 g	Garnelen (die kleinen aus der Nordsee genügen)
150 g	Tomaten
1	Zwiebel (möglichst rot)
1 Tl	Knoblauch (s. Seite xyz)

50 ml	Gemüsefond)
50 ml	saure Sahne (möglichst nur 10% Fett)
½ Bd	Petersilie
1 Msp	Chili-Flocken (möglichst aus der Mühle)
3 El	Olivenöl
	Pfeffer (möglichst aus der Mühle)
	Salz

Zubereitung in 15 min:

Spaghetti al dente kochen. Zwiebel und Petersilie klein hacken. Tomaten enthäuten, entkernen und vierteln. Olivenöl in einer Pfanne erhitzen (nicht bis zum Rauchpunkt, Herd maximal 50 %), darin Zwiebeln und Knoblauch andünsten (nur hellbraun werden lassen). Garnelen einrühren, etwa 1 min erhitzen und mit Gemüsefond ablöschen. Aufkochen lassen, saure Sahne zugeben, Chili unterrühren und mit Salz und Pfeffer abschmecken. Spaghetti dazugeben, mit der Sauce vermengen und mit Petersilie und Parmesan bestreuen.

Penne mit Porree

Manchmal ist einem nicht nach Kochen und nach Fleisch schon gar nicht zumute. Essen möchte man aber schon etwas. Für den, der Porree mag, ist dies ein Gericht, das ohne Fleisch oder Fisch auskommt und schnell zubereitet ist (vorausgesetzt, man hat die Zutaten vorrätig). Irgendwie hat es sich von selbst ergeben.

Zutaten:

1 Stg	Porree
1	Zwiebel, rot
1 El	Knoblauch (s. Seite xyz)
1	Fleischtomate
200 g	Penne
2 El	Mandelstifte (gibt's fertig zu kaufen)
1 El	Butter, gesalzen
100 g	Crème fraiche
3 El	Petersilie, gehackt
	Pfeffer, Chiliflocken

Zubereitung in 25 min

Porree waschen. Falls erdig, die Stange etwa über 1/3 der Länge einschneiden, auffächern und unter kräftigem Leitungswasser-Strahl abspülen. Porree in Ringe schneiden. Die Zwiebel schälen und in feine Streifen schneiden.

In mittelgroßem Topf Wasser mit 1 Tl Salz aufkochen. Die Tomatenhaut zweimal längs einritzen, ca. 30 sec blanchieren, enthäuten und in kleine Würfel schneiden.

Die Penne in das immer noch kochende Salzwasser geben, nach Packungsanweisung (Zeit) garkochen und in eine Schüssel abgießen

Parallel dazu die Mandeln in einer großen Pfanne ohne Fett rösten, herausnehmen und beiseite stellen.

Dann in derselben Pfanne die Butter bei mittlerer Temperatur erhitzen. Porree, Zwiebel, Knoblauch und Tomate darin 5 min andünsten. Crème fraîche und ½ Tasse Nudelkochwasser einrühren. Mit etwas Pfeffer würzen.

Die Penne dazugeben und mit der Sauce mischen. Mit Petersilie, den Mandeln und Chiliflocken bestreuen.

Pasta nach Art des Hauses

Ein Abendessen bei Freunden. Pasta gab's und ich war hinge-rissen – und sagte das auch. Beim Abschied bekam ich einen Zettel in die Hand gedrückt, es war das Rezept. Ich hab's nach-gekocht und hatte schon beim ersten Versuch Erfolg.

Zutaten:

500 g	Spargel, grün
250 g	Penne
2 TL	Knoblauch (s. Seite xyz)
4 El	Olivenöl
½ Tl	Meersalz
1	Glas Weißwein
	Parmesan, gerieben

Zubereitung:

Spargel kürzen (das untere holzige ¼ wegschneiden). Die ver-bleibende Stange in kleine Stücke schneiden.

Olivenöl schonend erhitzen (Herd maximal 50 %). Knoblauch andünsten, dann Spargel, Wein und Salz zugeben und alles bei geschlossenem Deckel etwa 10 min köcheln lassen. Bißprobe! Der Spargel sollte noch 'Biß' haben.

Die Nudeln kochen, aber kurz vor "al dente" (Bißprobe) abbre-chen und unter den Spargel mischen. Mit frisch geriebenem Par-mesan bestreuen.

REIS

Dies wird ein sehr kurzes Kapitel.

Mit Reis konnte ich mich nie so recht anfreunden. Doch wenn man nach Asien reist, ist er an jedem Eßtisch allgegenwärtig. Kein Wunder, schließlich wurde er dort, in China, vor mehr als 8000 Jahren domestiziert.

Der Weg nach Südost-Asien und Indien war vergleichsweise kurz, doch in Mesopotamien kam er erst vor 2400 Jahren an. Nur wenig später wuchs er auch auf den Latifundien des Imperium Romanum.

Heute ist Reis das Hauptnahrungsmittel für mehr als die Hälfte der Weltbevölkerung.

Zugegeben, chinesische und japanische Köche können mit Reis wahre Wunderlandschaften auf den Tisch bringen, die mit den Stäbchen zu zerstören dem Europäer recht schwer fällt. Dennoch habe ich ihn überwiegend als allgegenwärtige Beilage erlebt und ihn so auch zu Hause verwendet.

Selbst in den Klebereis-Sushi, die ich in Japan an Straßenständen gesehen, probiert und gar nicht gemocht habe, war er nur Nebenzutat. Wahrscheinlich sind Sushi wesentlich bekömmlicher als ein Hamburger in Pappschrippe, aber wenn ich wählen sollte.

Eintöpfe gehören seit meiner Jugendzeit zu meinen Lieblingsgerichten. Dazu zählen natürlich auch Suppen, z.B. aus Tomaten, Blumenkohl oder Spargel, die zwar hervorragend schmecken aber im Mund ein seltsames Gefühl von Leere bewirken. Mit ein paar Eßlöffeln Basmati-Reis läßt sich dem unkompliziert und schnell abhelfen.

REIS-VARIATIONEN

Reis pur

Reis im Sieb abspülen, abtropfen lassen und in einen großen Topf geben. Wasser auffüllen, bis es an das erste Gelenk des aufgesetzten Zeigefingers reicht.

Auf 500 g Reis etwa ½ Teelöffel Salz und ½ Teelöffel Zucker zugeben. Deckel drauf und aufkochen lassen. Dann den Herd abschalten, ein zusammengefaltetes Küchentuch zwischen Topf und Deckel legen und 8 min zugedeckt ziehen lassen. Danach den Reis mit einer Gabel auflockern und servieren.

Urschlamm asiatisch

Erinnern Sie sich? Ganz weit vorn? Wenig Geld und … ?

Genau! Diesmal aber Reis statt Bratkartoffeln. Ansonsten eben das, was gerade zur Hand ist. Fast alles taugt zum Urschlamm, sagt ja schon der Name. Ich schau mal nach, was ich gerade habe. Frisches Gemüse ist immer da, es sei denn, ich war länger als drei Tage unterwegs. Ansonsten Dosen-Vorräte und das wenige, das in meinem winzigen Tiefkühlfach Platz gefunden hat.

Zutaten:

170	g	Basmati-Reis
1		Mohrrübe
1		Zwiebel

½ Stg	Porree
1 Sb	Sellerie
130 g	Erbsen, grün; Dose
200 ml	Geflügelfond
1 Tl	Kurkumapulver (falls vorhanden)
250 g	Fleisch oder Fisch
¼ Tl	Salz
¼ Tl	Pfeffer
1 El	Olivennöl
2	Eier
1 Tl	Knoblauch (s. Seite 117)
2 Tl	Chiliflocken

Zubereitung in 20 min

Gemüse in feine Streifen und Fleisch in kleine Stücke schneiden. Fleisch mit Salz und Pfeffer würzen und im Olivennöl anbraten, Chiliflocken und Knoblauch dazugeben.

Reis mit Kurkumapulver in Geflügelfond kochen.

Eier in einen großen, flachen Topf schlagen und verrühren. Kurz bevor die Eier fest werden, Reis, Gemüse und Fleisch dazugeben, gut durch-mischen und ca. 5 Minuten unter ständigem Rühren auf mittlerer Stufe weiterbraten. Anschließend mit Sojasauce, Maggi (schmeckt tatsächlich!) oder auch Chilisauce würzen.

Reisgemansche

Vornehme Menschen nennen dies vielleicht Risotto. Da ich aber gelesen habe, daß die Zubereitung von gutem Risotto zu den höheren Künsten der norditalienischen Küche gehört, bleibe ich lieber bei meiner ursprünglichen Bezeichnung. Gemeint ist auch hier Reis mit irgend etwas, das gerade zur Hand ist - und nicht nach Schokolade schmeckt (also nichts Süßes).

Zutaten:

100 g	Basmati-Reis
1	Schalotte oder kleine Zwiebel
3 El	Olivenöl
400 ml	Gemüsefond
	frischgeriebener Parmesan (jeder andere Hartkäse tut's auch)
½ Tl	Pfeffer, schwarz aus der Mühle

Zubereitung in 30 min

Schalotte oder Zwiebel schälen und in kleine Würfel schneiden. In einem Topf oder einer Pfanne mit hohem Rand das Öl erhitzen (Herd maximal 50 %) und die Schalotte darin andünsten. Reis dazugeben und 2 bis 3 Minuten mitdünsten, bis er glasig geworden ist. Mit dem Fond ablöschen und unter ständigem Rühren (wichtig; Reis darf nicht ansetzen) mit einem Holzlöffel nach und nach Fond zugießen. Der Reis sollte immer gerade noch bedeckt sein. Nach ca. 15 Minuten den Käse nach Bedarf einrühren.

Weiterrühren, bis der Reis eine cremige Konsistenz hat, aber noch bißfest ist. Etwas Salz dazu (aber mit Vorsicht, da durch den Käse und eventuell auch den Fond schon vorgesalzen ist) und etwas Olivenöl dazutun. Der Reis sollte noch von selbst aus dem Topf auf den Teller fließen können. Da wir keine Zauberlehrlinge sind, muß der Topf dazu geneigt werden.

Mit etwas frisch gemahlenem Pfeffer bestreuen und servieren.

GEWÜRZE

In den ersten fünf Jahren meiner Küchen-Stümperei kannte ich nur Pfeffer und Salz. Alle anderen der in den Rezepten geforderten Gewürze sammelten sich erst im Laufe der Zeit in ihrer getrockneten Form zu einer großen Batterie an. Sie wurden kritiklos genutzt, ebenso, wie in Arne Krügers Kochkarten beschrieben.

Arne Krüger? Nicht bekannt? In den 70ern des letztvergangenen Jahrhunderts waren Arne Krügers Kochkarten eine bestechend gute Idee: Ein DIN A7 - Karten-Format aus abwaschbarer Plastik, mit dem Bild des fertigen Gerichts, der Zutatenliste und einer Zubereitungs-Anleitung. Hielt man sich wörtlich an die Vorgaben, erhielt man ein durchaus schmackhaftes Gericht. Garantiert.

Salz und Pfeffer, die kennt jeder. Heute. Wir können's uns ja leisten. Das war aber nicht immer so. Es ist noch nicht lange her, als Salz teuer war und sein Verschütten ein wirkliches Unglück bedeutete. Dabei kam das Salz aus unseren eigenen Salinen, zum Beispiel aus Salzgitter.

Anders war's beim Pfeffer. Den gab es nur dort, "wo der Pfeffer wächst". Dieses Land war unvorstellbar weit entfernt. Die Säcke mit dem Pfeffer mußten von Karawanen durch Wüsten, auf Segelschiffen durch Stürme und über Untiefen bis in unsere Gegenden transportiert werden. Ermöglicht hat dies die Gilde der Händler. Schon damals gab es eine internationale Vernetzung, mit deren Hilfe das Risiko stark gefährdeter Transporte gemeinsam getragen wurde und bei deren Erfolg man sich anteilweise die horrenden Profite teilte. Versicherung heißt das heute.

So mußten sich also unsere Altvorderen, sofern sie zur vermögenden Klasse gehörten, ihren Pfeffer zu extrem hohen Preisen bei den ‚Pfeffersäcken' kaufen. Folgerichtig war Pfeffer nur in der Küche reicher Leute zu finden und die hielten ihn sogar vor ihrer

Köchin unter Verschluß. Bewirteten sie aber Gäste, dann wurde gezeigt, wer man war und was man hatte. Versalzene und überpfefferte Gerichte für die zu beeindruckenden Gäste waren die Regel.

Kräutlein dagegen gediehen kostenfrei auch hinter dem Haus eines Kätners. Welche davon ein karges Mahl etwas besser schmecken ließen, wußte man dort von alters her.

Von welchen man aber besser die Finger ließ, das wußte die Alte im Walde, von der man raunte, daß sie allerlei Tränklein aus den Kräutlein zu brauen verstand, die manchem Lust verschaffen und anderen den Tod bringen konnten. Aber das ist eine andere Geschichte.

Anders die berühmte Hildegard, die aus Bingen kam und in ihrem Garten im Kloster hinter dem Berg heilsame Tränklein zur Linderung so mancher Gebresten und Gebrechen kochte, die sie Armen und Reichen gleichermaßen verabreichte.

Basilikum

Basileus war einer der Titel des Herrschers von Byzanz. Königskraut ist der deutsche Name für "Basilikum". Das Kraut wurde schon um 1000 v. Chr. in Vorder-Indien als Gewürz- und Heilpflanze kultiviert. Über Ägypten und Griechenland gelangte es nach Italien. In Deutschland wird es seit dem 12. Jahrhundert kultiviert. Basilikum ist besonders geeignet für Gerichte mit Tomaten, mit weißen Bohnen, mit Fisch und Salaten.

Curry

Curry wächst weder an Sträuchern noch auf Bäumen und ist auch kein Bodendecker. Currypulver ist eine Gewürzmischung, die in der imperialen Zeit Britanniens von nostalgischen Indien-Veteranen der Küche ihres Stationierung-Bereichs nachempfunden und in England bekannt gemacht wurde. Es waren wohl recht viele Veteranen, die es brauchte, um Curry zu seiner heutigen Bekanntheit und Verbreitung zu verhelfen. Wesentliche

Bestandteile von "Curry" sind Kurkuma, Koriander, Kreuzkümmel und schwarzer Pfeffer. "Curry" leitet sich her vom tamilischen 'Kari' und bedeutet Sauce.

Knoblauch (frisch)

Ich mag Knoblauch! Für einige Gerichte ist er unverzichtbar, für andere die abrundende Geschmacksnuance und für viele völlig unpassend. Ich verwende Knoblauch, wo immer er gschmacklich paßt.

Manchmal braucht man eine Zehe, manchmal mehrere, geschnitten, gehackt, gepreßt – wie auch immer. Da Knoblauchpulver ein lausiger Ersatzstoff ist, habe ich immer ‚fertigen' Knoblauch im Kühlschrank. Fertig bedeutet, daß ich Knoblauch auf Vorrat presse und in Olivenöl lagere. Ich habe ihn derart schon über ein Jahr lang aufbewahrt, ohne daß sich der Geschmack verändert hätte. Und so geht's:

Zutaten:
Knoblauchknollen
Olivenöl, hochwertig und mit geringem Eigengeschmack

Zubereitung in 1 Stunde

Eine ganze Knolle frischen Knoblauchs zu schälen, macht keinen Spaß. Es geht auch viel einfacher. Man tut die Knolle in ein mittelgroßes Glas (z.B. von eingelegten Gurken) mit Schraubverschluß. Dann muß man schütteln, aber kräftig und mit Geduld. Dadurch lösen sich die trockenen Schalen von den Zehen. Zwischendurch mal den Abfall entfernen und weiter schütteln. Einige Zehen sind widerspenstig und müssen schließlich mit dem Küchenmesser von ihrer Schale befreit werden. Bei den anderen muß man dann nur noch die trockenen Enden abschneiden und kann sie sofort pressen. Die Knoblauchpresse sollte möglichst dünne Stege haben, damit sie mehr schneidet als quetscht.

Ein Glas (z.B. ein ausgewaschenes Marmeladenglas) und seinen Deckel mit kochendem Wasser füllen und ausgießen. Knoblauch in das Glas geben und mit Olivenöl vermischen. Deckel drauf, kräftig durchschütteln, fertig. Diese grobe Knoblauch/Öl-Paste läßt sich gut dosieren und kann direkt beim Anbraten verwendet werden. Dabei sollte man sie aber höchstens hellbraun werden lassen (also eher andünsten, als braten), sonst wird sie bitter.

Majoran

Für Aphrodite, der griechischen Göttin der Liebe, war Majoran ein Symbol für Glückseligkeit. Frisch verheirateten Paaren legte man im alten Griechenland Majoran-Gebinde um den Hals.

Majoran (Origano majorana) stammt aus Nordafrika und Zypern. Im Deutschen wird Majoran oft "Wurstkraut" genannt, weil es häufiger Gewürzbestandteil von Würsten war. Majoran paßt zu Lamm, zu Eiern und Tomaten.

Oregano

Oregano ist wilder Majoran und stammt ursprünglich aus dem Mittelmeerraum. Als Gewürzkraut ist er erst seit ca. 400 Jahren in Gebrauch. In der deutschen Küche ist er vorwiegend ein Gewürzkraut für Omeletts, Tomaten und Lamm.

Paprika

Herkunftsland des Paprikas ist Kalifornien. Hätten Sie's gewußt? Ich glaubte sehr lange, daß Paprika der ureigene, spezifische Beitrag der Heimat Piroschkas zur kulturellen Identität Europas sei.

Paprikafrüchte werden mehrere Wochen schonend getrocknet und dann vermahlen. Sie enthalten Zucker, der beim Erhitzen verbrennt und bitter schmeckt. Paprika sollte daher nicht beim Anbraten verwendet werden. Es wirkt appetitanregend und hat einen hohen Vitamin C-Gehalt. Milder Paprika verleiht Gerichten

eine appetitliche Farbe und hat einen mild-scharfen Geschmack.
Es gehört zwingend in jedes Gulasch und schmeckt zu Geflügel-
und Fischgerichten, Suppen, Eier- und Käsespeisen.

Petersilie

Petersilie kommt ursprünglich aus Nord-Afrika und gehört
heute zu den am häufigsten verwandten Kräuterpflanzen. Es gibt
drei Varianten:

glattblättrig   = *hohe Würzwirkung*
krausblättrig   = *geringere Würzwirkung, aber sehr dekorativ*
als Stengel   = *kräftig im Geschmack, sättigend als*
                     Beilage

Petersilie sollte nie mitgekocht, sondern erst beim Abschalten des
Herdes zugegeben werden.

Pfeffer

Der Name stammt aus dem Alt-Griechischen: pippali (frz.:
poivre; engl.: black pepper; ital.: pepe). Pfeffer enthält das
scharfe Peperin und ätherische Öle, die sich nach dem Mahlen
rasch verflüchtigen. Daher sollte Pfeffer nur frisch gemahlen oder
im Mörser zerstoßen zugefügt werden. Ob Pfefferkörner schwarz
sind oder weiß, ob grün oder rot, sie alle stammen von derselben
Pflanze, dem schwarzen Pfefferstrauch. Pfeffer ist Pfeffer!

Die Farbe ergibt sich aus dem jeweiligen Erntezeitpunkt und
der weiteren Behandlung.

grün: unreif und ungeschält in Salzwasser eingelegt
schwarz: grüner Pfeffer, wird beim Trocknen schwarz und
            runzlig
rot: reif und ungeschält
weiß: Steinkern des vollreifen roten Pfeffers. Einweichen
            in Wasser und Gärung löst das Fruchtfleisch; übrig
            bleibt der helle Kern

rosa: kein Pfeffer! Frucht des Sumach-Strauches, in
           Salzlake weich gemacht

Pfeffer ist seit ca. 3000 v. Chr. in Ostindien bekannt. Seine
Schärfe bewirkt das Piperin, einem Alkaloid, von dem er bis zu
8 % enthält. Sein Aroma liefern die bis zu 5 % ätherischen
(leicht flüchtigen) Öle seiner Bestandteile.
   Schwarzer Pfeffer würzt gemahlen fast alle nicht süßen Gerichte. Zu klaren Suppen, Marinaden oder Fischsud gibt man
ganze Pfefferkörner, die später entfernt werden.

Provence-Kräuter

Auf einem etwas größeren Gewürzglas in meiner Küche klebt
ein selbstbeschriebenes Etikett: „Provence". Darin befindet sich
eine Mischung aromatischer, mediterraner Kräuter, die aufgrund
ihrer Standort- und Wuchsbedingungen, besonders gut in der
Provence gedeihen.
   Zusammensetzung und Mischungsverhältnis dieser Kräuter
sind nicht definiert. Sie variieren von Dorf zu Dorf. Zur Grundmi-
schung gehören aber Thymian, Rosmarin, Oregano, Bohnenkraut
und, in geringerem Anteil, Basilikum.

sollte	[%]	kann
Thymian	25	Salbei, Dill
Rosmarin	25	Kerbel, Petersilie
Oregano	25	Lorbeer, Liebstöckl
Bohnenkraut	20	Estragon, Lavendel
Basilikum	5	Fenchel

Ich stelle mir meine Mischung selbst zusammen. Die Kräuter
der Hauptbestandteile wachsen auf meinem Balkon in Blumen-
töpfen. So kann ich sie von April bis Oktober frisch verwenden.

Kräuter der Provence passen besonders zu Fleisch- und deftigen Gemüsegerichten sowie zu gebratenem oder gegrilltem Fisch. Auch andere mediterrane Gerichte, wie Pizza, Tomatensalate oder Pasta gewinnen durch sie bei sorgfältig ausprobierter und dosierter Zugabe an Charakter.

Für Suppen und Saucen allerdings sollte man sie nur sparsamst verwenden, da sie leicht den eigentlichen Geschmack übertönen könnten.

Sehr gut eignen sie sich zur Verwendung in Marinaden oder Ölen. Bei Fleisch- und Fischgerichten sollte man sie mit Olivenöl, Salz und Pfeffer vermischen und auf das Fleisch aufstreichen.

Ihre aromatischen Einzelbestandteile Rosmarin, Thymian und Oregano passen sehr gut zu gebratenen oder gebackenen Kartoffeln. Dazu sollten allerdings nur geschmackvolle, fest kochende Kartoffeln verwendet werden, bei denen die Schale mitverarbeitet werden kann (schade für Liebhaber mehliger Kartoffeln, wie mich).

Rosmarin

Rosmarin war schon den Alten Ägyptern bekannt, fand allerdings hautsächlich in religiösen Riten Verwendung. Bei den Griechen und Römern zählte es zu den Heilkräutern wurde aber auch in der Küche verwendet. Rosmarin paßt gut zu Lammbraten, Geflügel Fisch, Wild und - zu Kartoffeln! Mit Rosmarin und Olivenöl überbackene Kartoffeln können eine ganz besondere, eigene Mahlzeit sein.

n.b.: Der kampferähnliche, intensive Geruch des Rosmarin wird von Motten und anderem Geziefer nicht geschätzt.

Schnittlauch

Schnittlauch kommt ursprünglich aus Zentral-Asien und wächst vorwiegend in der gemäßigten nördlichen Hemisphäre. Er wird seit dem frühen Mittelalter kultiviert. In der europäischen Küche findet er vornehmlich in Salaten, in Rührei und Omelett, sowie in Quark und auf Butterbroten (kräftiges Landbrot + Rahmbutter + kleingeschnittene Schnittlauch-Röllchen) Verwendung. In Rezepten wird Schnittlauch oft "gehackt". Das ergibt ein unappetitliches Gemansche; es ist besser, den Schnittlauch zu schneiden (Messer oder Schere). Auf den Geschmack hat das keinen Einfluß, sieht aber viel appetitlicher aus. Schnittlauch eignet sich nicht zum Trocknen und sollte auch nicht mitgekocht, sondern erst beim Abschalten des Herdes zugegeben werden.

Manche mögen's scharf

Wem Pfeffer, Paprika und Curry noch zu mild sind, der wird mit Chilies und deren Gewürz-Derivaten bestens geschärft. Er oder sie greift dann zu Tabasco (rot), zu Cayenne oder, wenn's asiatisch sein soll, zu Sambal Oelek.

All diesen Scharfmachern gemeinsam ist derselbe Wirkstoff: Capsaicin. Dies ist ein natürlich vorkommendes Alkaloid, das durch Wirkung auf spezifische Rezeptoren einen Hitze- oder Schärfereiz und, damit verbunden, die Ausschüttung von Endorphinen, sog. Glückshormonen, hervorruft.

Salzen

Es gibt kaum ein Lebensmittel, für dessen Zubereitung Salz nicht empfohlen wird. Selbst der Frühstückskaffee soll mit einer Prise Salz weniger bitter schmecken. Als Teetrinker kann ich das nicht beurteilen.

Ich gehe mit Salz sehr sparsam um. Wie leicht gerät ein Teelöffel zuviel an das Gericht und aus ist's. Natürlich gibt es Reparaturmöglichkeiten, die greifen allerdings nicht bei allen Gerichten. Bei klaren Suppen kann man ein rohes Eiweiß in die Brühe quirlen und das geronnene Eiweiß abschöpfen. Bei gebundenen Suppen und Eintöpfen hilft es, rohe Kartoffeln hineinzuraspeln und alles nochmal auf aufkochen zu lassen.

Eine zweite Universalzutat ist Butter. Die gibt es ungesalzen und gesalzen. Falls in einem Rezept in diesem Nicht-Kochbuch

Butter und Salz gemeinsam auftauchen (müßten), findet sich stattdessen die Angabe „Butter, gesalzen". Mit diesem kleinen Trick habe ich seit langer Zeit keine Gerichte mehr versalzen. Für alle Fälle stehen bei mir immer eine Salz- und eine Pfeffermühle auf dem Tisch. Nachwürzen kann man immer, entwürzen nie!

Süße Speisen schmecken besser mit einer Prise Salz und salzige mit einer Prise Zucker. Stimmt nicht immer, aber meistens.

Rohe Tomaten sind ein weiteres Beispiel. Pfeffer und Salz sind selbstverständlich. Eine Prise Zucker allerdings lockt den Tomatengeschmack (falls in unseren Industrie-Produkten überhaupt vorhanden) beeindruckend hervor.

FETTE UND ÖLE

Ohne Fett geht's nicht!

Dieses Statement wird niemand, der sein Essen ausschließlich nach den Kriterien Gesundheit, Body-Mass-Index und ökologischem Fußabdruck ausrichtet, akzeptieren. Muß er auch nicht, denn für ihn ist dieses Buch die falsche Lektüre.

Kriterien für die in diesem Buch erzählten Kocherfahrungen sind qualitativ gute Zutaten und deren schonend-vernünftige Zubereitung mit dem Ziel „Genuß".

Die meisten Aromen lagern sich in den Fetten an. 'Weil sich in den Fetten die charakteristischen Aromen befinden, schmeckt Rindfleisch nach Rind und Lammfleisch nach Lamm" /TB1/".

Verallgemeinern darf man dies allerdings nicht. Ich mag Corned Beef und ich mag Schichtkäse. Beide haben einen extrem geringen Fettgehalt bei ausgeprägtem Eigengeschmack.

Für dieses Buch seien aus dem großen Thema "Fett" zwei Beispiele herausgegriffen: Butter und Olivenöl.

Für beide Fette gilt, daß man sie auf keinen Fall über ihren "Rauchpunkt" hinaus erhitzen darf; sie dürfen nicht schwarz werden. Beim Überschreiten der Rauchpunkt-Temperatur zersetzen sie sich und entwickeln einen säuerlich stechenden Geruch. Für die Zubereitung von Speisen sind sie dann nicht mehr geeignet (Tabelle der Rauchpunkt-Temperaturen: siehe Kapitel ´Fakten und Daten´). Leider sieht man den Fetten nicht an, wann sie heiß genug sind.

Ich verwende im 20er-Pack billig zu habende Holz-Zahnstocher. Taucht man ihn in's flüssige Fett, so bilden sich sofort kleine Bläschen, falls das Fett heiß genug ist, um das Gargut (blödes Wort) hinzuzugeben. Eine andere Möglichkeit ist es, einen Finger mit kaltem Wasser zu benetzten und dann einen Tropfen kaltes Wasser in das Fett fallen zu lassen. Funktioniert zuverlässig, hat allerdings den Nachteil, daß einem heißes Fett auf die Hand oder, schlimmer, in's Gesicht spritzen kann. Ich halte den Zahnstocher-test für die bessere Methode.

Butter kannten schon die alten Griechen und die Römer. Sogar die Sumerer sollen sich schon seit ca. 3000 v. Chr. auf ihre Zu-bereitung verstanden haben. Butter schmilzt bei etwa 45 °C, ab 65 °C verliert sie ihren Wasseranteil, und bei 120 °C beginnt sie zu rauchen und sich zu zersetzen /TB1/. Also ungeeignet zum Braten? Mitnichten!

Geklärte Butter

Entfernt man aus der Butter die Proteine, erhält man ein reines Fett, das auch bei hohen Temperaturen nicht schwarz wird. Die-ses heute leider kaum noch bekannte Verfahren nennt man "Klä-ren". Geklärte Butter kann man leicht selbst herstellen. Sie ist für die meisten Brat-, Grill- oder Fritier-Gerichte bestens geeignet.

So geht's: Butter in einen Topf geben, vorsichtig schmelzen und 30 Minuten bei milder Hitze flüssig halten. Nach dieser Zeit beginnt das Kasein auszufallen. Die geklärte Butter schwimmt obenauf und läßt sich leicht abgießen. Dabei gehen keine Aroma-qualitäten verloren. Der Rauchpunkt geklärter Butter liegt bei 205 °C. Aus 300 g Butter erhält man etwa 250 g geklärte Butter (Butterschmalz). In Deutschland erhält man geklärte Butter unter dem Handelsnamen ‚Butaris', in der asiatischen Küche kennt man sie unter den Namen ‚Ghee'.

Anmerkung (Wiederholung): Falls in einem Rezept in diesem Nicht-Kochbuch Butter und Salz gemeinsam auftauchen (müß-ten), findet sich stattdessen die Angabe „Butter, gesalzen". Mit diesem kleinen Trick habe ich seit langer Zeit keine Gerichte mehr versalzen. Für alle Fälle stehen bei mir immer eine Salz- und eine Pfeffermühle auf dem Tisch. Nachwürzen kann man immer, ent-würzen nie!

Olivenöl

Olivenöl ist seit ca. 8000 Jahren bekannt und im gesamten Mittelmeerraum verbreitet. In unseren Breiten kannte man früher nur das 'Spinnradöl', eine krude Mischung aus Raps und Sonnenblume, die fälschlicherweise für Olivenöl gehalten wurde. Erst in den Jahrzehnten nach dem zweiten Weltkrieg fand das Olivenöl seinen Weg auch in die deutschen Küchen. Olivenöl verliert bei hohen Temperaturen seinen Geschmack, sein Rauchpunkt liegt bei ca. 150 °C. Daher liegt sein Verwendungsbereich im Bereich niedrigerer bis mittlere Temperaturen, wie z.B. für Salate oder Pasta, ist aber auch für moderates Anbraten von geeignet. Zum Braten oder Kochen sollte man es also nur bei moderaten Temperaturen verwenden.

Das Erreichen der Siede-Temperatur läßt sich mittels eines eingetauchten Holzstäbchens (z.B. Kochlöffelstiel) leicht feststellen. Bläschenbildung am Holz signalisiert das Erreichen der Maximaltemperatur.

Um Fettspritzer beim Einlegen des Bratgutes in die Pfanne zu vermeiden, sollte man vorher eine Prise Salz in das Öl geben.

EINFACHE SAUCEN

Die Zubereitung raffinierter Saucen gehört zu den hohen Künsten der Kochkunst. Dieser Künste bin ich nicht mächtig. Doch ohne Saucen geht's auch nicht.

Vorgefertigte Saucen gibt es als Pulver zum Anrühren in heißem Wasser und als Fertigprodukt zum Erhitzen. Erstere sind meist wässrig-langweilig, die zweiten zeichnen sich durch hohen Fettgehalt und mir unerwünschte Zusatzstoffe aus. Ich mag weder die einen noch die anderen.

Es gibt aber eine Reihe von Saucen, die man recht einfach zubereiten kann und die das selbstgekochte Essen abrunden. Nur solche einfachen Saucen sind im Folgenden beschrieben.

Mehlschwitze

Mehlschwitze ist nicht mehr zeitgemäß. Ich halte sie dennoch für eine gute Basis mancher Saucen und Rezepte.

So geht's:

Sehr vorsichtig Mehl in geschmolzene Butter einrühren. Dabei sollten kleine Bläschen entstehen, die nach einiger Zeit verschwinden. Die Schwitze ist fertig, wenn sie eine ansprechende hellbraune oder mittelbraune Farbe angenommen hat.

Alternativ: Mehlbutter

Mehl mit Butter zu nußgroßen Kugeln verkneten und in die kochende Sauce rühren.

Dillsauce

Dillsauce wird meist für Fischgerichte gebraucht.

Zutaten:

100 ml	Wasser
1	Zwiebel (gehackt)
5	Körner Piment
3	Lorbeerblätter
½ Tl	Salz
1 El	Creme fraiche
1 El	Limettensaft
1 Bd	Dill, frisch gehackt

Zubereitung in 15 min

Wasser in einen kleinen Topf füllen, die gehackte Zwiebel, Piment, Salz und Lorbeerblätter hinzugeben und alles aufkochen.

Herd auf kleinste Stufe schalten und 10 min ziehen lassen. Den Topfinhalt durch ein Sieb gießen und reduzieren (d.h. auf kleinster Einstellung köcheln lassen) bis eine sämige Konsistenz erreicht ist. Creme fraiche und Dill hinzugeben und mit Limettensaft abschmecken.

Tomatensauce

Ich mag Tomaten in jeder Form; auch in Saucen. Nach meiner Erfahrung brauchen "wirkliche" Tomaten keine Verfeinerung, allenfalls eine Begleitung durch andere Zutaten. Nur: wo bekommt man heute noch „wirkliche" Tomaten?

Zutaten:

10		Tomaten, reif ; 2 Zwiebeln
3	Tl	Knoblauch (s. Seite 109)
6	El	Olivenöl
		Salz, Pfeffer, Zucker

Zubereitung:
Tomaten enthäuten und würfeln, Zwiebeln fein hacken. Olivenöl in einer Pfanne erhitzen und die Zwiebeln glasig dünsten. Tomaten und Knoblauch zugeben, mit Salz, frisch gemahlenem Pfeffer und einer Prise Zucker würzen. Die Sauce bei kleiner Hitze (Herd ca. 20 %) etwa 30 Minuten köcheln lassen, dann durch ein Sieb streichen und abschmecken.

Tomaten'substanz'

Im Spätsommer sind Tomaten preiswert. Das sollte man ausnutzen, um eine Tomatenbasis für spätere Gerichte vorzubereiten. Wieviel man davon herstellt, hängt von den verfügbaren Speichermöglichkeiten (Tiefkühlschrank/-truhe) ab. Die Zubereitung ist anspruchslos einfach, braucht aber viel Zeit. Als Ergebnis erhält man eine ‚Substanz‘, die sich als ebenso unverzichtbare Kochzutat erweisen wird, wie das in diesem Buch immer wieder zitierte Knoblauch-, Olivenöl-Gemisch.

Zutaten:

Tomaten : Zwiebeln + Olivenöl = 3:2 + 1 El pro 250 g Gesamt-masse

Zubereitung:

Tomaten enthäuten und würfeln. Zwiebeln kleinhacken. Beide zusammen mit dem Olivenöl bei niedrigen Temperaturen (Herd ca. 30 %) langsam garen. Dabei regelmäßig umrühren. Ziel ist es, das in den Tomaten enthaltene Wasser völlig zu entfernen. Das dauert viele Stunden. Ich stell' mir meine Eieruhr, die nach jeweils 15 min schnarrt. In der Zwischenzeit kann ich ungestört etwas anderes tun.

Béchamelsauce

Louis de Béchamel, Marquis de Nointel, war Höfling Ludwigs XIV. Das Amt des Haushofmeisters des Königs hatte er gekauft; vom Kochen verstand er nichts. Die berühmte Sauce ist ihm von einem seiner Köche gewidmet worden. Sie paßt u.a. zu Gemüse (z.B. Blumenkohl, Sellerie).

Zutaten:

100 g	Schinkenspeck
1 El	Butter, gesalzen
25 g	Mehl (ca. 1 Eßlöffel)
¼ l	je: kalte Milch, Fleischbrühe
½ Tl	weißer Pfeffer (frisch gemahlen)
1	Zwiebel
1 Tl	Thymian
½ Tl	Muskat, 1 Lorbeerblatt, 1 Msp Zitronenschale

Zubereitung:

Zwiebel und Schinken klein würfeln, Butter bei mittlerer Hitze (Herd maximal 50 %) zerlassen und Zwiebeln und Speck glasig dünsten. Mehl anschwitzen (s.u.) und Thymian, Lorbeer, Zitrone und Pfeffer zugeben und umrühren. Brühe und Milch zugeben und alles ca. 30 min bei geringer Hitze (Herd ca. 20 %) köcheln. Sauce durch ein Haarsieb passieren. Mit Muskat abschmecken.

Anschwitzen; schon wieder solch ein kryptischer Koch-Insider-Begriff, den niemand außerhalb des geheimen Zirkels versteht. Hier taucht er in diesem Buch zum erstenmal auf, und hier sei seine Bedeutung enthüllt.

"Anschwitzen" nennen die Kenntnisreichen das kurze Garen von Gemüse in wenig Fett bei geringer Hitze. Beides kommt meinen eigenen Zubereitungs-Vorlieben sehr entgegen.

Das Gemüse schwitzt seinen eigenen Saft aus und gart dabei langsam. Zwiebeln werden glasig, goldgelb und weich, ohne dabei zu bräunen. Beim Anschwitzen sollte das Gemüse häufig bewegt und gewendet werden.

Senfsauce

Aus meiner Kindheit erinnere ich mich an „verlorene Eier" (hartgekocht) mit Senfsauce und Salzkartoffeln. Das Originalrezept kenne ich leider nicht; aber geschmeckt hat es mir damals immer sehr gut. Hier ein Versuch, die Sauce nachzukochen.

Zutaten:

190 g	Senf (mittelscharf)
1 El	Butter, gesalzen
125 ml	Milch
¼ Tl	Liebigs Fleischextrakt; 1 El Zucker

Zubereitung in 10 min:

Butter in einer Kasserolle schmelzen. Alle anderen Zutaten hinzugeben, gut verrühren und bei mäßiger Hitze aufkochen. Fertig.

Petersiliensauce

Falls eine möglichst fettarme, aber würzige Sauce notwendig wird, ist die Petersiliensauce das Richtige. Ich habe sie u.a. zu Blumenkohl ausprobiert. Wenn man mit Gefühl würzt, um den Geschmack des Blumenkohls nicht zu überdecken, schmeckt die Kombination sehr gut. Auch die Farben grün und weiß kontrastieren sehr gut.

Zutaten:

2 Bd	Petersilie (oder 2 Päckchen tiefgefrorene Petersilie)
1 El	Butter, gesalzen
125 ml	Milch
250 ml	Gemüsefond
1	Zwiebel, klein
	Haferflocken nach Bedarf
	Pfeffer, Limettensaft

Zubereitung in 10 min:

Die kleingeschnittene Zwiebel in der Butter glasig dünsten. Milch und Gemüsefond zugeben und aufkochen. Haferflocken vorsichtig dazugeben, bis eine sämige Soße entsteht. Gehackte Petersilie zugeben und vom Herd nehmen. Mit Pfeffer und Limettensaft würzen.

Blumenkohlsauce

Sauce Hollandaise ist mir zu schwierig. Das folgende Rezeptchen ist sinngemäß auch für Broccoli geeignet.

An dieser Stelle aber ein Hinweis: In Restaurants werden Saucen oft über längere Zeiten warmgehalten. Der Sauce Hollandaise z.B. ist das gar nicht zuträglich. Ihre Bestandteile sind bei diesen Temperaturen bester Nährboden für Bakterien und Salmonellen. Falls man auf der sicheren Seite bleiben will, sollte man im Restaurant auf Sauce Hollandaise verzichten.

Zutaten:

500 g	Blumenkohl
1	Zwiebel, klein
1 Tl	Knoblauch (s. Seite 109)
50 g	Butter, gesalzen
½ Tl	Pfeffer
1 Msp	Cayennepfeffer

Zubereitung in 30 min:

Die Blumenkohl-Röschen abtrennen, die Stiele verwerfen. Zwiebel kleinschneiden. 125 ml Wasser erhitzen, Zwiebeln und Röschen zufügen und 15 min sieden lassen. Wie bei allen Kochvorgängen mit Kohl empfiehlt es sich, die Abzugshaube einzuschalten und die Küchentür geschlossen zu halten. Danach alles fein zerdrücken oder besser noch: pürieren. Die kalte Butter unterrühren, damit die Sauce sämig wird. Mit dem Pfeffer würzen.

Jägersauce

Hauptbestandteil einer Jägersauce sind Pilze. Ich mag Pfifferlinge, Champignons und die meisten der asiatischen Pilzsorten. Für eine zu Fleisch passende Sauce gibt es für mich aber nur eine Pilz-Option, den Steinpilz. Frisch ist er nur selten erhältlich; also verwende ich getrocknete Steinpilze. Unbedingt zu beachten ist dabei das Massen-Verhältnis zwischen getrocknetem und frischem Pilz. Es betragt 1:10. Also entsprechen 25 g getrocknete Steinpilze 250 g frischer Pilze.

Zutaten:

25 g	Steinpilze, getrocknet
1	Zwiebel
1 Tl	Knoblauch (s. Seite 109)
300 ml	Rotwein
1 Msp	Pfeffer, schwarz
1 Msp	Salz
1 Msp	Paprika, scharf
1 Tl	Honig
1 Msp	Kümmel
2 Stiele	Thymian
2 El	Petersilie, gehackt
400 ml	Gemüsefond
3 El	Olivenöl

Zubereitung:

Steinpilze in warmes Wasser legen und 30 min ziehen lassen. Danach im Sieb abtropfen lassen. Das Pilzwasser aufheben.

Die Pilze in Olivenöl anbraten, dabei oft wenden. Beiseite stellen. Das restliche Olivenöl moderat erhitzen (Herd maximal 50 %) und die kleinwürfelten Zwiebeln und mit dem Knoblauch andünsten. Alle Gewürze und Kräuter zugeben und weiter erhitzen. Nach ca. 4 min mit Rotwein ablöschen.

Fond und Pilze hinzugeben, alles gut durchmengen und solange bei ca. 30 % Herdleistung reduzieren, bis die Sauce eine
sämige Konsistenz erreicht hat. Falls nötig, mit Salz und frisch
gemahlenem schwarzen Pfeffer nachwürzen.

VOM FELD UND AUS DEM WALD

Nicht alles, was auf Feldern, in Wäldern und Gärten wächst, ist eßbar. Von dem, was man essen kann, wird im Folgenden erzählt. Einige allgemein geltende Erfahrungen vorweg.

Wasser ist einer der Grundbestandteile allen Lebens auf unserem Planeten. Seinen Wert beginnen wir erst mit seinem zunehmenden Mangel zu erkennen.

> **Wasser** wird für die meisten Zubereitungen von Gemüse benötigt. Für unser Trinkwasser gilt eine mittlere bis höhere Wasserhärte (Kalkgehalt) als Vorteil (siehe Kap. ´Fakten und Daten´). Für das Garen von Gemüse ist aber eher weicheres Wasser von Vorteil.

> **Gemüse** sollte möglichst bei höheren Temperaturen und nur kurz gegart werden und das vor allem ohne Deckel /TB1/. Die beim Kochen gebildeten organischen Säuren werden mit dem entweichenden Dampf teilweise ausgetrieben und das Gemüse behält seine Originalfarbe. Salz sollte erst am Schluß zugegeben werden.

> Bei manchen Gemüse- oder Obstsorten neigt die Schnittfläche zum Braunwerden. Ein paar Tropfen Zitronensaft verhindern das.

> **Kohlgemüse** enthält schweflige Verbindungen. Zwischen der fünften und der siebten Kochminute verdoppelt sich die Menge an entstehendem Schwefelwasserstoff, der den unangenehmen Kohlgeruch verursacht. Kohlgemüse sollte also nicht länger als sechs Minuten gekocht werden

> Die meisten trockenen **Hülsenfrüchte** sollte man am Abend vor der Zubereitung einweichen. Dafür am besten geeignet ist eine vorgekochte Fleisch- oder Gemüsebrühe ohne Salz. Die trockenen 'Früchte' nehmen deren Geschmack auf. Stehen solche Brühen nicht zur Verfügung, sollte man weiches Wasser verwenden. Das Verhältnis Bohne/Erbse zu Wasser sollte

mindestens 1:4 Volumen-% betragen, um während des späteren Kochens nicht Wasser nachfüllen zu müssen.

> Am nächsten Tag erhitzt man die Hülsenfrüchte langsam (um einen gleichmäßigen Biß zu erzielen) in ihrem Einweichwasser und kocht sie bißfest gar. Die Garzeiten sind meist auf den Packungen angegeben. Auf keinen Fall aber kaltes Wasser nachgießen! Viele Hülsenfrüchte würden platzen und ein schmieriges Gemansche wäre die Folge.

> Das Kochwasser weißer Bohnen ist ein passabler Fleckentferner für Tinte und Rotwein.

Gurkensalat

Heiße, trockene Sommer und Winter mit klirrender Kälte und viel Schnee waren in Berlin und Brandenburg die Regel. Das war in den fünfziger Jahren, als ich noch stolz war, wenn meine kurzen Lederhosen endlich speckig-dreckig waren. Solche Sommer haben wir heute auch wieder, die Winter allerdings scheinen verloren gegangen zu sein.

Bei Sommertemperaturen von 35 °C und mehr, bevorzuge ich drei Ernährungs-Optionen: An anderer Stelle dieses Buches beschrieben sind Gazpacho und Tomatensalat. Das dritte Gericht in diesem Bunde ist ein Gurkensalat nach Art meiner Mutter.

Zutaten:

1	Salatgurke, groß
1	Zwiebel, rot und klein
1 El	Aceto Balsamico (Sorte nach Geschmack)
1 Bd	Dill oder tiefgefrorenen
1 T	Creme legere
1 Tl	Salz
2 Tl	Zucker
	Pfeffer, frisch gemahlen

Zubereitung in 10 min

Gurke schälen und in möglichst dünne Scheiben schneiden. Lagenweise in eine Schüssel geben und jeweils eine Prise Salz äußerst sparsam darüber streuen, es dient überwiegend dem Flüssigkeitsentzug. Die abgedeckte Schüssel in den Kühlschrank stellen und ca. 20 min ruhen lassen (falls man sie vergißt, schadet es nicht).

Die Gurken sollten jetzt einen Teil ihres Wassergehalts abgegeben haben. Der wird abgegossen und verworfen.

Die Zwiebel kleinschneiden oder -hacken, mit dem Essig, der Creme legere, dem Zucker und dem Dill in die Gurkenschüssel geben und alles vorsichtig miteinander vermengen (es geht auch unvorsichtig und das entstehende Gemansche schmeckt genauso gut - aber es sieht unapettitlich aus).

Alles zurück in den Kühlschrank und ziehen lassen. Bei Bedarf herausnehmen und portionsweise pfeffern (frisch gemahlen). Dazu eine Scheibe kräftigen Roggenbrots, und die Hitzesommer-Mahlzeit ist perfekt.

Dieser Gurkensalat schmeckt auch im Winter. Welch' ein Mirakel.

∗

Sauerkohl

„Sauerkohl (Sauerkraut=Kappes) macht man mit Champagner. Es geht auch mit Sekt. Ganz arme Leute nehmen Mosel"

Diesen nützlichen Hinweis habe ich in einem Rezeptbuch von 1880 gefunden. Es ist eine stetige Streitfrage, ob wir Menschen aus unserer Geschichte lernen können oder wollen. Ich gehöre zu den Skeptikern, die da meinen, daß wir könnten und sollten, es aber nicht schaffen.

Bekannt ist die die Legende, der zufolge man 1789 der französischen Königin Marie-Antoinette berichtete, daß die Pariser Frauen die Bäckereien gestürmt hätten, weil es kein Brot mehr zu kaufen gegeben hätte. Es war dies eine der Unruhen, die dann in die Große Französische Revolution mündeten. "Wenn sie kein Brot haben, sollen sie doch Kuchen essen!", soll die Königin geantwortet haben. Marie-Antoinette war eine kluge Frau. Ein solch dümmliches Bonmot ist ihr eigentlich nicht zuzutrauen. Aber als Beispiel für extreme Ignoranz von Menschen gegenüber ihren Zeitgenossen ist dieser Satz ein exzellentes Beispiel.

Sauerkraut heißt auch in England 'sauerkraut'. Daher der in England für uns Deutsche nicht sehr freundlich gemeinte Spitzname: „Krauts". Doch neben den Krauts wurde Sauerkohl auch von anderen Menschen geschätzt. So ist überliefert, daß Dschingis Khan außer Pferden auch das in China erfundene Sauerkraut (Suan cai) schätzte. Dies galt auch noch zu Zeiten Kublai Khans, denn Marco Polo ("Il Millione") brachte das Rezept mit nach Venedig.

Kolumbus nahm Sauerkraut an Bord seiner Flotte, um dem Skorbut vorzubeugen und auch Napoleon soll es nicht verschmäht haben. Nicht zuletzt soll Sauerkraut die beim Grillen entstehenden Benzpyrene binden und ihre Aufnahme durch den Organismus verhindern. Wann schreibt endlich jemand die "Kulturgeschichte des Sauerkrauts"?

Zutaten:

500 g	Sauerkraut
3	Äpfel (z.B. Boskop)
3	Zwiebeln, kleingeschnitten
50 g	Butter, gesalzen
100 ml	trockener Weißwein (Riesling)
1 Tl	Zucker
5	Wacholderkörner (im Mörser zerdrückt)

Gewürzsäckchen:

1	Lorbeerblatt
10	Pfefferkörner

Zubereitung:

Äpfel schälen, entkernen und in Scheiben schneiden. In Butter mit den Zwiebeln andünsten, dann Sauerkraut dazugeben. Die Gewürze im Gewürzsäckchen hineinlegen und mit Weißwein ablöschen, so dass das Kraut bedeckt ist. Bei geschlossenem Deckel 40 Minuten köcheln lassen. Dann die Butter dazugeben und noch 10 Minuten köcheln lassen - bis die Butter eingezogen ist. Wer möchte, würzt noch mit etwas Salz und Zucker.

Den Zucker durch etwas Ananas zu ersetzen, wird manchmal als Geheimtip gehandelt. Und nicht vergessen: Kohl bläht. Ich finde zwar, daß Kümmel nicht zum Sauerkohl paßt, aber bitte: gegen die böse Flatulenz hilft er allemal vorbeugend.

Sauerkrautsuppe

Ein Teil des gefliesten Küchenbodens in Lindow war aus Holz. Ein großes Wunder für das Stadtkind, denn den Holzboden konnte man anheben und hochklappen. Eine Steintreppe führte hinunter in eine geheimnisvolle Höhle unter der Küche. Man mußte eine Kerze mitnehmen, um dort unten etwas sehen zu können. Natürlich durften nur die Großen dort hinunter, aber manchmal nahmen sie das neugierig drängelnde Kind mit.

Die Decke war ganz niedrig und es war längst nicht so heiß, wie oben in der Küche Die Großen mußten sich bücken, das brauchte das Kind nicht. Auf Regalbrettern standen Einmach-gläser. Gegenüber ein großer Steinguttopf, in dem war das

Pflaumenmus. Daneben ein etwas kleinerer mit der Butter und dann noch ein Holzfaß, fast so hoch, wie das Kind lang war. Darin war der Sauerkohl. Wenn Tante Marie den Holzdeckel abhob, duftete der ganze Raum nach frischer Suppe, Sauerkohlsuppe.

Es hat lange gedauert, bis aus dieser Kindheitserinnerung wieder eine eßbare Suppe wurde. Ob sie so schmeckt wie die Suppe von Tante Marie, weiß ich nicht; aber zumindest duftet sie fast genauso. Geruchs- und Geschmackserlebnisse scheinen zu den langlebigsten unserer Erinnerungen zu gehören. Eines der größten Werke der Literatur beginnt damit, daß ein erwachsener Mann eine Madeleine in ein Tasse Tee tunkt und sich an seine Kindheit erinnert.

Zutaten:

250 g	Nürnberger Bratwurstbrät (entsprechend viele Brat würste, Pelle entfernen)
2	Zwiebeln, kleingeschnitten
1	Paprika, klein, grün
80 g	Sauerkraut
200 ml	Rinderfond
1	Gewürzgurke, klein gewürfelt
2 Tl	Olivenöl
2 El	Tomatenmark
½ El	Rosenpaprika
150 mg	Joghurt, natur

Zubereitung in 20 min

Bratwurstbrät in Olivenöl anbraten. Aus der Pfanne nehmen und, falls möglich, in Leinen- oder Baumwollsäckchen füllen. Das Wurstbrät soll nur seinen Geschmack beisteuern, in der fertigen Suppe hat es nichts mehr zu suchen.

Die Zwiebeln klein- und die Paprikaschote in kurze Streifen schneiden und beides zusammen mit dem Sauerkraut in den Sud geben und ca. 10 min bei kleiner Hitze köcheln. Mit dem

Rinderfond ablöschen und Tomatenmark und Gewürzgurke untermischen. Das Säckchen mit der Wurst beilegen. Mindestens eine Stunde auf Minimalstufe köcheln lassen. Wurstsäckchen rausnehmen und Inhalt entsorgen. Danach Joghurt einrühren und alles mit Rosenpaprika abschmecken.

Broccolisuppe

 Grüner Broccoli, auch Spargelkohl genannt, ist der grüne Vorfahr des Blumenkohls und wurde in Italien entwickelt. In den USA schätzt man dieses Gemüse sehr.

Doch in dem Dorf, in dem ich meine Jugend verlebte (zumindest die großen Ferien), gab´s keinen Broccoli. "Was der Bauer nicht kennt, das frißt er nicht!" Mit dieser Wahrheit hatte schon der Alte Fritz zu kämpfen, als er versuchte, in Preußen die Kartoffel einzuführen – sagt die Fama. So war es auch mit Broccoli und mir. Ich mochte das komische Zeug nicht.

Das änderte sich spätestens, als Jahrzehnte später meine Personenwaage versagte; was sie anzeigte, mußte eine absolute Fehlmessung sein.

Oder vielleicht doch nicht? Oh jeh! Etwas muß geschehen. Bewußtes Essen ist die Lösung. Leider aber ist das, was man vernünftigerweise essen sollte, oft nicht das, was man gerade gerne essen möchte. Aber neben der berühmten und unfehlbar wirksamen Kohlsuppe (siehe dort) gibt es auch Kompromißlösungen. Die wirken zwar nicht so rabiat, bescheren aber doch kleine, tägliche Erfolgserlebnisse.

Zutaten:

500 g	Broccoli
1	Zwiebel
1 Tl	Knoblauchzehe (es dürfen auch zwei sein)
1 Zwg	Oregano oder Estragon oder Basilikum
50 g	Butter, gesalzen
½ Tl	Pfeffer
1 Msp	Cayennepfeffer

Zubereitung in 20 min

Die Röschen abtrennen. 1 l Wasser erhitzen und die Röschen bißfest kochen. Um die grüne Farbe zu erhalten, sollte man keinen Deckel auf den Topf legen. Wie bei allen Kochvorgängen mit Kohl empfiehlt es sich aber, die Abzugshaube einzuschalten und die Küchentür geschlossen zu halten. Die Röschen mit dem Schaumlöffel rausfischen und kalt abschrecken (sonst garen sie nach und werden zu weich). Die Zwiebel kleinschneiden und zusammen mit dem Knoblauch weich kochen. Die kalte Butter unterrühren, damit die Suppe sämig wird. Mit dem Pfeffer würzen und die Röschen wieder zufügen.

Probieren: ½ Teelöffel Safran mit ½ Tl Salz im Mörser zerreiben und in die Suppe rühren (**Tip:** Safran in der Apotheke kaufen).

Rotkohl

Ein Gemüse, das kaum noch in Naturform angeboten wird. Rotkohl gibt's fast ausschließlich tiefgefroren, im Glas oder in der Büchse. Dabei ist es sehr einfach, ihn selbst zuzubereiten.

Das folgende Rezept ist allerdings eine anspruchsvollere Variante.

Zutaten:

500 g	Rotkohl, fein geschnitten
1	Zwiebel
200 ml	Orangensaft
400 ml	Rotwein (trocken)
2 El	Portwein, rot
2 El	Gänseschmalz

Gewürzsäckchen

10	Wacholderbeeren
3	Gewürznelken
10	Pfefferkörner
1	Zimtstange
1	Lorbeerblatt

Zubereitung:

Den Rotkohl fein schneiden und in eine Schüssel geben. Orangensaft, Rot- und Portwein zusammengießen, ca. 2 min aufkochen und über den Rotkohl gießen. Abkühlen lassen und dann für einen Tag in den Kühlschrank stellen.

Dann das Gänseschmalz in einem Topf erhitzen, Rotkohl mitsamt Marinade und Gewürzsäckchen dazugeben. Klein geschnittene Zwiebel beigeben und alles mindestens 1 Stunde schmoren lassen; ausnahmsweise bei geschlossenem Deckel und kleiner Hitze.

Blumenkohl

Blumenkohl wird für mich immer mit paniertem Schnitzel und Salzkartoffeln verbunden bleiben. Nur in dieser Kombination hat ihn meine Mutter auf den Tisch gebracht. Dabei ist er ein ungemein variabel verwendbares Gemüse, vom Star eines Hauptgerichtes bis hin zum unauffälligen Geschmacksgeber in Salaten oder als mit Käse überbackenes Genußstückchen.

Zutaten:

1 Blumenkohl
 Salz, Muskat

Zubereitung:

Strunk des Blumenkohls entfernen. Wasser ca. 4 cm hoch in großem Topf zum Kochen bringen und nur ganz leicht salzen. Blumenkohl mit Strunk nach unten in den Topf geben und bei geringer Hitze in ca. 30 min gar dünsten. Etwas Muskat über den Kohl reiben.

Aus den Resten kann man eine Blumenkohlsuppe machen. Dafür weitere

Zutaten:

400 ml	Gemüse- oder Geflügelfond
1	Zwiebel
1 El	Petersilie
1 El	Olivenöl
100 ml	Creme fraîche

Zubereitung

Zwiebel klein hacken und in Olivenöl andünsten. Mit dem Fond und der Creme fraiche zu den "Resten" geben, umrühren und kurz aufkochen. Petersilie zugeben.

Grünkohl

Grünkohl kenne ich noch aus meiner Kindheit in der brandenburgischen, der puristischen Variante. Der Kohl wuchs im Gemü-
segarten des Hofes und wurde im Winter nach dem ersten Frost
geerntet. Es gibt viele Varianten dieses Gerichts (z.B. Grünkohl
mit Pinkel). Ich mag die reine Gemüsevariante am liebsten; Grünkohl hat einen eigenen reizvollen Geschmack, den man für sich
allein genießen sollte.

Zubehör: großer Topf

Zutaten:

1500 g	Grünkohl (je krauser desto besser)
125 g	Gänseschmalz
1	Zwiebel, klein
1 Tl	Salz; 1 Tl Pfeffer

Beilagen: Kassler oder Berliner Knacker. In Nord-Deutschland
ist auch Pinkel, eine Grützwurst mit diversen Zutaten eine be-
liebte Beilage, die ich allerdings nicht mag.

Zubereitung in 120 min:
Gänseschmalz schmelzen (Herd maximal 40 %)), darin die
kleingehackte Zwiebel andünsten und mit etwas kaltem Wasser
ablöschen.
Grünkohl putzen (nur krause Teile verwenden), waschen und
nach und nach in den Topf geben (der Kohl fällt zusammen).
Wenn gesamter Kohl im Topf, Salz zugeben und umrühren. Ca.
120 min schonend schmoren (Herd maximal 30 %). Nach ca. 90
min Pfeffer zugeben. Zwischendurch immer wieder umrühren.
Anmerkung: In den meisten Rezepten ist zu lesen, daß die
Fleischbeilage mitgegart werden soll. Davon rate ich ab. Der

Grünkohl sollte seinen eigenständigen Geschmack ohne Verfremdung behalten.

Kompromiß: Etwas Grünkohl aus dem großen Topf abnehmen, und darin die Knacker oder das Kassler garen.

Dazu passen mehlige Salzkartoffeln.

Kohlrabi

In meiner Jugendzeit gab's in versorgungsarmen Zeiten oft Kohlrabi. Mit Lebensmitteln mußte man sparsam umgehen, also wurde der Kohlrabi sparsam geschält. Als Ergebnis kaute man dann oft holzige Fasern; das verleidete rasch den Geschmack an dem wohlschmeckendes Gemüse. Kohlrabi ist einfach und schnell zuzubereiten.

Zutaten:

3		Kohlrabi mit Strunk
1	El	Butter, gesalzen
100 ml		Gemüsefond
½		Becher Schmand
½	Msp	Muskatnuß

Zubereitung in 30 min:

Kohlrabi großzügig schälen, einige frische grüne Blätter aufheben. Kohlrabi zuerst in Scheiben, dann in Stifte schneiden. Stifte mit den gewaschenen und kleingerupften Blättern in Butter andünsten, nach ca. 15 min Gemüsefond und Schmand zugeben. Muskat darüber reiben, Deckel drauf, weitere 10 min dünsten und: fertig

Rosenkohl

Zutaten:

250 g	Rosenkohl
1	Zwiebel, klein
1 Tl	Knoblauch (s. Seite 109)
100 ml	Liter Sahne
½ Tl	Salz
½ Tl	Pfeffer
½ Tl	Limettensaft
½ Tl	Muskat

Zubereitung:

Welke Blätter entfernen und längs halbieren. In schwach ge-salzenem, kochendem Wasser 2 Minuten blanchieren. Abgießen und sofort mit kaltem Wasser abschrecken. Die in dünne Streifen geschnittene Zwiebel zusammen mit dem durchgepressten Knoblauch in etwas Butter glasig dünsten, die blanchierten Ro-senkohlhälften dazugeben und verrühren. Salzen und pfeffern und mit ein paar Tropfen Zitronensaft und einer Prise Muskat abschmecken. Die Sahne dazu gießen und alles zehn Minuten offen köcheln, bis die Sahne leicht cremig eingedickt ist - der Rosenkohl sollte noch etwas Biß haben.

Weiße Bohnen mit Tomatensauce

Mit Hülsenfrüchten begann meine Küchen-Karriere. Eintöpfe aus Bohnen, Linsen oder Erbsen waren meine ersten genießbaren Kochresultate und sind noch heute fester Bestandteil meiner Ernährung.

Um Eintöpfe schwebt ein großes Geheimnis: Weswegen gibt es gute Eintöpfe nur aus großen Töpfen und weshalb schmecken sie mit jedem Aufwärmen besser? Bislang hat noch niemand die Antworten gefunden.

Den großen Topf kann niemand an einem Tag selbst leeren. Also braucht man entweder einen Tiefkühlschrank oder aber Freunde, die Eintöpfe mögen. Ich freu' mich über letztere.

Eintöpfe mit weißen Bohnen gab's in Lindow und bei meiner Mutter mehrmals im Monat. Mir haben sie in allen Variationen gut geschmeckt. Das ist auch heute noch so. Ein noch innigeres kulinarisches Verhältnis als zu weißen Bohnen habe ich nur zu Tomaten. Also ...

Zutaten:

200 g	weiße Bohnen
400 g	gehackte Tomaten (Büchse)
400 ml	Rinderfond
2	Zwiebeln
1 EL	Knoblauch (s. Seite 109)
1	Kartoffel
1	Lorbeerblatt
1 Zwg	Thymian
½ Bd	Petersilie, kraus
3 EL	Olivenöl
1 EL	Tomatenmark
1 Tl	Cayenne Pfeffer
1 Tl	Zucker, 1 Tl Zitronensaft
1 Tl	Salz

Zubereitung in 30 min:

Bohnen über Nacht in kaltem, falls nötig entkalktem Wasser einweichen, dann abgießen und abtropfen lassen.

In einen Topf geben, knapp mit Wasser bedecken und bei mittlerer Hitze (Herd etwa 50%) 10 min kochen lassen. In Würfel geschnittene Kartoffeln zugeben und weitere 20 min köcheln lassen. Die Bohnen sollten dann weich aber nicht zerfallen sein.

In der Zwischenzeit das Olivenöl in einer Pfanne moderat erhitzen (Herd maximal 40 %) und Zwiebeln und Knoblauch anschwitzen. Tomatenmark untermischen, nochmals heiß werden lassen und mit etwas Rinderfond ablöschen. Lorbeerblätter und Thymianzweig zugeben und alles 10 min köcheln lassen (Herd maximal 30 %). Pfanneninhalt in den Bohnentopf einrühren. Pfeffer, Zucker, Zitronensaft und Salz (sparsam) zugeben. Zum Schluß die frische, grob gezupfte Petersilie zugeben.

Weiße Bohnen „Provencale"

Aix-en-Provence kenne ich aus vielen berufsbedingten Aufenthalten. Schon nach dem zweiten Aufenthalt in einem der weltweit uniformen Kettenhotels hatte ich die Nase voll von dieser Art der Globalisierung.

Meine französischen Kollegen waren nicht nur beruflich äußerst kompetent und hilfreich, sie hatten auch profunde Ortskenntnis. Ihnen verdanke ich die Empfehlung eines kleinen Familienhotel abseits des Trubels aber dennoch nicht weit vom Cours Mirabeau. Schon beim zweiten Check-in wurde ich freundlich mit meinem Namen begrüßt. Ich habe in Aix nie wieder woanders gewohnt.

Außer dem Frühstück gab es dort keinen Küchen-Service. Bis ich an einem Sonntagabend hungrig nach Hause kam aber viel zu müde war, um noch ins Städtchen zu laufen. Ich durfte mit der Familie essen. Es gab weiße Bohnen, aber was für welche! Die Familie und die Bohnen – unvergeßbar. Erst beim nächsten Besuch traute ich mich, die Patronne nach dem Rezept zu fragen.

Zutaten:

200 g		Schweinenacken, gewürfelt
250 g		Bohnen, weiß
250 g		Kartoffeln, geschält
2		Zwiebeln
½		Porree-Stange
¼		Sellerieknolle
1		Mohrrübe
2	Tl	Knoblauch (119)
½	Tl	Pfeffer
½	Tl	Salz
150	ml	Rotwein
½	Bd	Petersilie

Gewürzsäckchen

1		Lorbeerblatt
1	El	Oregano
1	El	Thymian
½	Tl	Nelken

Zubereitung in 15 min

Bohnen in 1 l salzfreier Brühe (besonders geeignet, falls vorhanden: Eisbeinbrühe vom Vortag) oder Wasser über Nacht einweichen. Mit Einweichflüssigkeit ca. 30 Minuten kochen. Knoblauch zugeben. Gewürzsäckchen und geputztes und gewürfeltes Gemüse sowie gewürfeltes Fleisch zugeben. Falls gewünscht, Rotwein dazu und weitere 25 min kochen lassen.

Es empfiehlt sich, in der letzten Viertelstunde immer mal wieder eine „Bißprobe" zu machen: Die Bohnen sollten weich aber nicht zerkocht sein. Sind sie gar, salzen und aus der Mühle pfeffern.

Erbsen mit Speck

„Kenn'se Aschinger? Nich? Det jib's doch janich! An'n Bahnfof Zoo war'n die. Fuffzich Fennich für ne Erbsensuppe un Schrippen, so ville de rinjekricht hast!"

Zwischen der Mensa der Technischen Universität Berlin und dem „Aschinger-Haus" hinter der Brücke am Bahnhof Zoo lagen nur 400 Meter. Das billigste Essen in der Mensa, das sogenannte „Stammessen" kostete 60 Pfennig, Aschingers Erbsensuppe einen Groschen weniger. Fünfmal Aschinger bedeute also ein Mittagessen kostenlos. Außerdem gab es bei Aschinger so viele Schrippen zur Suppe, wie man essen konnte. Sie mitzunehmen, war allerdings streng untersagt. Was geschah? Genau! Jeden Tag gab's die schlauen Ideen und spannenden Versuche der Studenten, Schrippen zu klauen, ohne vom Personal erwischt zu werden. Manch einer der Aschinger-Leute guckte, sah, kapierte, grinste und drehte den Kopf zur anderen Seite. Aber es gab auch die scharfen, die harten Sheriffs. Die verhängten sofort Lokalverbot. Also kam man am nächsten Tag mit schräger Mütze und ohne Brille.

Gelbe Schälerbsen brauchen nicht eingeweicht zu werden. Sie heißen Schälerbsen, weil die äußere harte Schale bereits entfernt ist. Gesalzen werden Hülsenfrüchte erst dann, wenn sie gar sind.

Zutaten:

250 g	Schälerbsen, gelb
250 g	Kartoffeln
1	Zwiebel, klein
½ Stg	Porree
1	Mohrrübe, klein
1 Sch	Sellerie
2	Piment-Körner
1 El	Majoran
½ l	Geflügelfond
250 g	geräucherter Speck
½ Tl	Pfeffer, Salz (jeweils)

Zubereitung in 60 min

Erbsen in 1 l salzfreier Brühe (falls verfügbar: Eisbeinbrühe vom Vortag, sonst: Wasser) mit Zwiebel und Piment (im Gewürzsäckchen) aufkochen. Geschnittene Mohrrübe und Sellerie zugeben und 35 min kochen lassen.

Kartoffeln in Würfel, Porree in Ringe schneiden und zusammen mit dem Majoran zugeben. 25 min kochen lassen. In der Zwischenzeit den Speck in Würfel schneiden und in einer Pfanne gut ausbraten. Speck entfetten und in den Topf geben. Es empfiehlt sich, in der letzten Viertelstunde immer mal wieder ein „Bißprobe" zu machen: Die Erbsen sollen weich aber nicht zerkocht sein. Sind die Erbsen gar, salzen und aus der Mühle pfeffern.

Grüne Bohnen Eintopf

Rohe grüne Bohnen sind giftig und haben Fäden. Das wußten alle Lindower Kinder, denn sie mußten die Fäden abziehen. Schnips unten und ziehen, Schnips oben und ziehen. Eine Beschäftigung, die bei uns äußerst beliebt war; daß wir Eintöpfe mit grünen Bohnen dennoch mochten, wundert mich noch heute.

Fadenbohnen sind heute kaum noch bekannt. Giftig allerdings sind rohe grüne Bohnen immer noch. Sie enthalten Phasin, ein giftiges Eiweiß, das aber durch mindesten 15-minütiges Kochen neutralisiert wird. Das Kochwasser sollte man nicht weiter verwenden, sondern wegschütten. Grüne Bohnen aus der Büchse oder dem Glas sollten vorgekocht sein, so daß diese Prozedur entfallen kann.

Zutaten:

3		Kartoffeln; groß, festkochend
300	g	grüne Bohnen
1	Bd	Suppengrün
1		Zwiebel, klein
50	g	Katenschinken, gewürfelt
100	ml	Weißwein
½	l	Geflügelfond
1	Tl	Paprikamark
1	Msp	Paprikapulver, mild
		Salz und Pfeffer
½	Bd	Petersilie
		Olivenöl

Zubereitung in 40 min

Das Suppengemüse und die Zwiebel putzen und klein schneiden. Die Kartoffeln schälen und würfeln, die Bohnen putzen und auf die gewünschte Größe schneiden.

Den Schinken in heißem Öl auslassen, dann das Suppengemüse mit den Zwiebeln und dem Paprikamark dazugeben und anrösten. Mit Weißwein ablöschen und den Wein verkochen lassen. Dann die Kartoffelwürfel und die Bohnen dazugeben und mit der Brühe auffüllen. Zum Kochen bringen und mit Paprika, Salz und Pfeffer abschmecken. Die Petersilie hacken und dazugeben. Bei mittlerer Hitze in ca. 15 Minuten gar köcheln lassen.

Bunte Bohnen Eintopf

Ob grün, ob weiß oder lila-blau-kariert, Bohnen sind Bohnen.

Im Kühlschrank herrschte mal wieder ziemliche Leere, auch im Büchsenregal fand sich nichts Verlockendes und das Geld war, wie immer kurz vor Ultimo, nur noch gemünzt vorhanden.

Ich hatte noch Bohnen, grüne in der Büchse und weiße in der Tüte. Zwiebeln und Paprikaschoten waren beim Gemüsefritzen an der Ecke für'n paar Groschen zu haben.

Ich hatte Hunger. Das war die Ausgangslage. Mein erster Versuch war eßbar, aber im Geschmack kurz vor dem des Kitts von der Fensterscheibe. Den mußte ich noch nie probieren, aber so ähnlich stellte ich ihn mir vor.

Doch die grundsätzliche Annahme, daß Bohne gleich Bohne sei, hatte sich festgesetzt. Immer mal wieder probiert, auch mal bei vollem Portemonnaie. Irgendwann hat's mir richtig gut geschmeckt.

Zutaten:

125 g	grüne Bohnen (Büchse oder Glas)
200 g	weiße Bohnen
2	Paprikaschoten (egal welche, ich nehme von den 3 Farben jeweils eine halbe, sieht hübscher aus)
180 g	Tomaten

1	Zwiebel, klein
1 Tl	Kroblauch (s. Seite 117)
3 El	Olivenöl
1 Tl	Tomatenmark
300 ml	Gemüsefond
1 Tl	Paprika, mild
1 Tl	Zucker
1 El	Oregano

Zubereitung in 30 min

Die weißen Bohnen *am Abend* vorher einweichen (in ein Gefäß geben und mit Wasser bis etwa 2 cm über Bohnenniveau auffüllen).

Am nächsten Tag:

Zwiebel kleinschneiden. Paprikaschoten halbieren, säubern und die Hälften kleinschneiden. Tomaten in Schnitze schneiden (Stielansatz wegschneiden). Olivenöl erhitzen (Herd maximal 50%), dann die klein geschnittene Zwiebel, den Knoblauch und die Paprikaschnipsel andünsten. Nach etwa 8 min (Indikator: die Zwiebeln sind glasig) Tomatenschnitze zugeben und etwa 4 min mit andünsten. Tomatenmark unterrühren. Paprika und Zucker zugeben und umrühren. Oregano und Gemüsefond zugeben, umrühren und alles kurz zum Sieden bringen. Die weißen und die grünen Bohnen zugeben und alles zusammen etwa 10 min bei kleiner Hitze köcheln lassen.

Besonderer Tip:

Freunde brachten mir aus Kroatien ein Glas mit, gefüllt mit einer braun-bläulichen Masse. Auf dem Etikett stand „MASLIMA – Black Olive Trepanade" und vieles andere mehr in serbo-kroatischer Sprache, die ich zu meinem Bedauern nicht mehr lernen konnte. Ich bedankte mich fröhlich und vielleicht glaubhaft sachkundig, hatte aber keinen Schimmer, was ich da in der Hand hielt. Die Freunde wußten, daß ich dunkle Oliven schätzte, also war es ein persönliches Geschenk. Wie schon oft half mir

Wikipedia aus der Wissenslücke. Tepanade ist nichts anders als Paste. Ich hatte also ein Glas mit der Paste dunkler Oliven geschenkt bekommen. Ich habe sie, Gemüse ist Gemüse, einfach mal zur Hälfte dem Bohneneintopf beigemischt. Das Ergebnis hat mir sehr gefallen. Ist aber Geschmackssache, wie so vieles.

Linseneintopf

"Die guten in's Töpfchen, die schlechten in's Kröpfchen!" Aschenputtel kann sich freuen: Heute kommen die Linsen aus dem Supermarkt, sind verlesen und frei von Steinchen.

Linsen gab´s bei uns zu Hause mit Essig. Als Kind wollte ich natürlich essen „wie die Großen", also nahm ich einen kräftigen Schuß Essig aus dem bereitstehenden Kännchen. Das war ein Fehler, den ich aber immer wieder beging.

Abhilfe wollte ich dadurch herbeiführen, daß ich versuchte, meine Mutter von der Zubereitung von Linsen abzuhalten – was mir natürlich nicht gelang. Heute gehören Linsen-Eintöpfe zu meinen Lieblingsgerichten – und zwar ganz ohne Essig.

Zutaten:

350 g	Tellerlinsen
400 ml	Gemüsefond
1	Mohrrübe, groß
½	Sellerieknolle
½ Stg	Porree
3	Frühlingszwiebeln, klein geschnitten
2	Kartoffeln, groß
10 g	Butter, ungesalzen
½ Tl	Pfeffer, weiß
½ Tl	Thymian, getrocknet
¼ Bd	Petersilie, 1 Tl Salz

Zubereitung in 40 min

Kleingeschnittene Mohrrübe, Sellerie und Frühlingszwiebeln in ungesalzener Butter glasig andünsten und mit ca. 1 l heißem Wasser auffüllen. ***Nicht salzen!*** Hülsenfrüchte werden in salzhaltiger Umgebung nur langsam gar.

Linsen zugeben und ca. 15 min (Kochzeit auf Verpackung beachten; Herd etwa 30 %) kochen lassen. Gewürfelte Kartoffeln und Porree zugeben. Nochmals 25 min kochen lassen. Falls Linsen gar sind (probieren: sie sollten noch etwas „Biß" haben; nicht matschig kochen!), Gemüsefond dazugeben, salzen und pfeffern. Thymian beigeben und 10 min ziehen lassen. Umrühren und mit Petersilie bestreuen.

Wer auf den Nebengeschmack von Fleisch nicht verzichten mag, kann zusammen mit dem Thymian Wiener Würstchen dazugeben, oder die Linsen statt in Wasser in verdünntem Fleischfond kochen. Ausprobieren, ob Rind, Geflügel oder Lamm dem Wunschgeschmack am nächsten kommt.

Porree-Pfanne mit Tomaten und Eiern

Ich mag Porree in jeder Zubereitungsart. Ob als eigenständiges Gericht oder Bestandteil spielt keine Rolle.

Die frisch gekauften Porree-Stangen mögen zwar sauber aussehen, haben aber oft erdige Rückstände zwischen den Blättern. Daher sollten die Enden kurz ab- und die Stangen von oben (grünes' Ende) bis zur Hälfte eingeschnitten werden. Die obere Hälfte läßt sich dann auffächern und eventuelle Erdreste können abgespült werden. Porree sollte möglichst rasch verbraucht werden, da er rasch bitter wird. Hier ein eigenständiges, komplettes Mittagessen mit Porree als dominierendem Geschmacksgeber.

Zutaten:

1	Porree-Stange
15 g	Butter, gesalzen
4	Fleischtomaten
½ Bd	Schnittlauch
3	Eier, Pfeffer

Zubereitung:

Porree putzen, gut waschen und in Ringe schneiden. Die Porreeringe in der zerlassenen Butter weich dünsten. Die gewaschenen Tomaten in Scheiben schneiden und auf die Porreeschicht legen. Die aufgeschlagenen Eier auf die Tomatenschicht gleiten lassen. Mit Pfeffer würzen und zugedeckt bei milder Hitze stocken lassen. Vor dem Servieren den Schnittlauch schneiden und über das Gericht verteilen.

Porreegemüse (mit Salzkartoffeln)

Porree als Gemüsebeilage zu diversen Fleischgerichten (ausprobieren) mit Salzkartoffeln. Kommt bei mir in fast jeder Woche einmal auf den Teller.

Zutaten:

1	Stg.	Porreé (1 dicke Stange oder 2 dünne)
1		Zwiebel
150	ml	Creme fraiche light
15	g	Butter (gesalzen)
1	Msp	Pfeffer
½	Tl	Tabasco (rot)

Zubereitung in 20 min

Porree waschen und in schmale Ringe schneiden. Die Zwiebel würfeln. Die Butter in Kasserolle schonend erhitzen (Herd 50 %) und die Zwiebel glasig anschwitzen. Die Porreeringe zugeben und kurz (etwa 3 min) mit erhitzen. Dann die Creme Fraiche hinzugeben, alles gut umrühren und bei niedriger Hitze (Herd 20 %) etwa 5 min köcheln lassen. Nicht trocken werden lassen! Mit Pfeffer und Tabasco (je nach Geschmack) abschmecken

Paßt (für mich) zu allen Gerichten mit Fleisch oder Fisch und Salzkartoffeln.

Mit einer kleinen Ergänzung bekommt man ein eigenständiges Hauptgericht mit Porree: Zusammen mit den Zwiebeln 1 Tl Knoblauch (siehe Seite 109) und 1 El Meerrettich aus dem Glas zugeben. Porree über die fertigen Salzkartoffeln geben, fertig.

Spinat

Dem Spinat hängen zwei Gerüchte an, die aus unterschiedlichen Gründen falsch sind.

Erstes Gerücht:

"Kind, Du mußt Deinen Spinat aufessen. Der enthält viel Eisen und macht Dich groß und stark!" Das muß natürlich stimmen, denn jeder kennt Popeye und weiß daher, welche Superkräfte der Seemann durch den Einwurf einer Dose Spinat erlangt.

"Denkste, Puppe!", meint dazu der Berliner. Der Schweizer Physiologe Gustav von Bunge hatte 1890 den Eisenanteil zu 35 mg pro 100 g trockenem Spinat richtig berechnet. Frischer Spinat besteht hingegen zu 90 % aus Wasser. Der Eisengehalt muss also um eine Kommastelle berichtigt werden, also auf 3,5 mg pro 100 Gramm. Das ist nur ein Zehntel des ständig kolportierte

Wertes. Dennoch hält sich der Mythos vom hohen Eisenanteil im Spinat hartnäckig bis heute.

Zweites Gerücht:

Ebenso wie den Pilzen, hängt auch dem Spinat der Makel an, beim Aufwärmen giftig zu werden.

Gekochter Spinat enthält, wie auch andere Gemüse, das ungiftige Nitrat. Bei langer Lagerung wird es aber, bakteriell bedingt, zu giftigem Nitrit. Bei Anwesenheit von Aminosäuren und unter Hitzeeinwirkung können daraus krebserregende Nitrosamine entstehen. Daher wird vom gleichzeitigen Verzehr zusammen mit Fischprodukten abgeraten, da in diesen die entsprechenden, für die Nitrosamin-Bildung notwendigen Aminosäuren in größerem Maße vorhanden sind /WIK1/. Die entstehenden Mengen an Nitrosaminen sind mit anderen einschlägigen Quellen wie Grillgut, Pökelwaren oder Brot mit sehr dunkler Kruste nicht vergleichbar.

Falls ich Spinat übrig behalte, stelle ich ihn nach dem Abkühlen abgedeckt in den Kühlschrank (bei mir permanent auf 4 °C eingestellt) und verbrauche ihn in den nächsten drei Tagen.

Spinat ist für mich ausschließlich Blattspinat. Den kleingehackten Blob-Spinat mag ich nicht. Ich kaufe frischen Spinat oder tiefgefrorenen Blattspinat (natürlich ohne Blob). Faul, wie ich bin, bevorzuge ich Letzteren.

Gedünsteter Spinat lässt sich besonders schmackhaft zubereiten, wenn man zuvor fein gehackte Zwiebeln in etwas Öl glasig dünstet. Dann gibt man den Spinat hinzu und lässt ihn etwa 5 Minuten mit den Zwiebeln dünsten. Abgeschmeckt mit Salz, Pfeffer, Knoblauch und Muskat schmeckt er wundervoll mit Salzkartoffeln und Spiegelei.

Mit dem Geschmack von Spinat verbinden sich für mich aber noch zwei andere Blattgemüse, die jedoch botanisch nichts mit unserem Spinat gemein haben.

Das eine ist 'Muluchiya', ein spinatähnliches Gemüse, das ich in Ägypten schätzen gelernt habe. Man sagt, daß es schon von den Alten Ägyptern gemocht wurde.

Das andere ist Blitva, ein Gemüse, das ich erst in Kroatien kennenlernte und dessen Geschmack ich sofort unter „immer öfter" vermerkte. In Deutschland heißt es Mangold, war mir aber vorher noch nie begegnet.

Selleriesuppe

Sellerie mag ich als Bestandteil in Suppen, Saucen und Gemüse-Eintöpfen, aber auch als Beilage oder sogar als eigenständiges Pfannengemüse.

Seh' ich da ein Schmunzeln, Lächeln oder Grinsen? Na klar, auch ich kenne die Gerüchte und Geschichtchen rund um die Sellerieknolle oder -staude. Meine Meinung? Probieren sie's doch selbst aus!

Zutaten:

1	Knolle Sellerie
3	Schalotten
2 El	Olivenöl
150 ml	Geflügelfond
250 ml	Milch
1	Lorbeerblatt
2 Tl	Thymian

Zubereitung:

Schalotte klein schneiden und in Olivenöl glasig dünsten. Knollensellerie würfeln, kurz mit andünsten und mit Geflügelfond ablöschen. Milch dazu gießen, Thymian und Lorbeerblatt zufügen und etwa 20 Minuten köcheln lassen. Sellerie mit dem Stabmixer pürrieren. Erst jetzt vorsichtig salzen.

PILZE

Der schmackhafteste und edelste Pilz soll der Kaiserling (amanita caesarea) sein, so genannt nach Caesar. In Rom soll das Kilo heute (2020) etwa € 70.- kosten. Ich habe ihn bislang nicht kosten können – und das auch gar nicht angestrebt.

Nahezu alles, was ich mit dem Wort ‚Pilz' verbinde, stammt aus meiner Kinderzeit in Lindow: Steinpilze, Pfifferlinge und Maronen. Ich (er)kannte, suchte und fand sie in den Fichtenwäldern rund um Lindow - und mag sie noch heute.

Ohne Küchenmesser durfte ich nicht zum Pilzesuchen in den Wald. Meine Oma war keine Wissenschaftlerin, aber sie wußte, daß das Herausreißen oder -drehen eines Pilzes die Pilzumgebung großflächig schädigt. Das Wort Myzel fiel zwar nie, aber der Respekt vor den lebenden unterirdischen Wurzeln der Pilzwelt habe ich bis heute behalten. Entdeckte die Oma eine falsch geerntete Pilzbeute in meinem Korb, war mir eine Ohrfeige gewiß. Ich lernte schnell.

„In die Pilze" ging man möglichst früh. Nicht weil es zu wenig Pilze gab, sondern weil die bekannten „Felder" sonst schon von anderen Kindern oder den Großen abgeerntet waren. Ich kannte die Fichten rund um Kuhleihe sehr gut und konnte problemlos auch in jede Schonung kriechen; war ja gerade mal einen knappen Meter lang. In den Schonungen gab es kleine Lichtungen und oft tischplattengroße Flächen, die buttergolden leuchteten. Man mußte von der Seite ernten, sonst hätte man die Pfifferlinge zertreten.

Champignons kannte man auch in Lindow - dem Namen nach. Da ihn in Lindow damals noch niemand geschrieben gesehen hatte, kannte ich Champignons jahrelang als 'Schampeljungs'.

Zur Etymologie des Namens gibt es eine Reihe glaubhafter Herleitungen. Da eine besondere Variante des Pilzes auf Viehweiden und Wiesen vorkommt, hat mich eine, angeblich aus dem lateinischen 'campus' abgeleitete Deutung besonders beeindruckt: "Das Beste vom Pferdemist auf der Weide". Champignon-Rezepte gibt es ungezählte. Ich verwende Champignons (nur braune) häufig zusammen mit Rührei oder als Zutat bei Gemüsesuppen.

Sehr viel später lernte ich noch einige asiatische Pilz-Sorten kennen (z.B. Mu Err-Morcheln, Shiitake), die ich aber nicht selbst aus dem Myzel trenne, sondern getrocknet und eingetütet kaufe.

Seit meiner Kindheit hörte ich immer wieder die Warnung, daß man Pilze nicht aufwärmen dürfe, weil sie dadurch giftig würden. Ich habe das geglaubt und alle Pilzreste weggeschüttet. Erst als ich This-Benckhards Buch /TB1/ las, fragte ich mich, was denn beim Aufwärmen chemisch anders ablaufe als beim erstmaligen Garen. Dafür, daß erst beim zweiten Erwärmen giftige Verbindungen entstehen, fand ich keinerlei Hinweise. Wohl aber auf den hohen Eiweißgehalt von Pilzen und ihre beschränkte Haltbarkeit.

Heute verfügt in unseren Breiten fast jeder Haushalt über einen Kühlschrank. Das früher berechtigte Verderblichkeits-Argument ist nicht mehr gültig. Ich habe inzwischen zig Pilzgerichte aufgewärmt und erfreue mich bester Gesundheit (n.b.: für Spinat gilt dieselbe Erfahrung).

Ein paar wichtige Fakten:

Pfifferlinge haben nur geringen Nährwert, enthalten aber viel Kalium (wichtig zu wissen für Menschen mit Blutgerinnungs-Problemen).

Um das spezifische Aroma von Pilzen zu konzentrieren, sollte man beim Dünsten oder Braten die Flüssigkeit vollständig verdampfen lassen.

Pilze können die Eier des *Fuchsbandwurms* tragen. Die Kontamination damit kann tödlich enden. Bei hohen Temperaturen werden die Eier abgetötet. Daher alle Pilze *immer* gut durcherhitzen!

Frische Steinpilze gibt es nur wenige Monate im Jahr. Daher verwende ich getrocknete Pilze. Man legt sie für etwa 20 min in lauwarmes Wasser, bis sie weich sind. Doch je länger sie einweichen, desto mehr Aroma löst sich im Wasser, das man daher nicht wegschütten, sondern aufbewahren sollte.

Aus 20 g trockenen Pilze werden durch das Einweichen 200 g weiche Pilze.

Die eingeweichten Pilze sollte man während der Zubereitung mindestens 15 min köcheln oder sanft braten lassen, um eventuelle Keime oder Sporen zu neutralisieren (siehe oben).

Frische Pfifferlinge

Leider sind die heute erhältlichen Pfifferlinge ausnahmslos herausgedreht, ich habe noch nie einen mit einer glatten Schnittfläche am Stiel gesehen.

Pfifferlings-Erinnerung aus der Kinderzeit:

Das West-Berliner Nachkriegskind verbrachte alle großen Ferien bei seiner Oma in einem winzigen Dorf südwestlich von Frankfurt/Oder, in der „Zone", solange die politischen Verhältnisse dies zuließen. Größtes Ereignis während der Ferienzeit war immer das Erntedankfest. Eine Faßbrause kostete 20 Pfennige. Für ein Kilo Pfifferlinge bekamen wir Kinder bei der staatlichen Abnahmestelle 10 Pfennig; natürlich Ost-Geld (später Alu-Chips genannt). Dennoch konnten wir uns am Erntedankfest Faßbrause bis zum Platzen leisten.

Im märkischen Fichtenwald konnten ortskundige Pilzsammler, wie wir Kinder, regelrechte Pfifferling-Bonanzas entdecken und ausbeuten. Auf den Knien sind wir in die Schonungen gekrochen. Erwachsene kamen nie dorthin.

Auf unserem Hof, bei Lindows, gab's nicht sehr oft Pfifferlinge. Pilze waren „Arme-Leute-Essen" und Lindows waren schließlich wer.

Meine Oma hatte ein ganz einfaches Rezept, an dessen Geschmack ich mich noch heute erinnere.

Zutaten:

500 g	frische Pfifferlinge
4	Frühlingszwiebeln oder 1 große rote Zwiebel
50 g	Bacon-Streifen (damals: Schinkenspeck)
50 g	Butter, gesalzen
½	Bund Schnittlauch

Zubereitung in 30 min

Pfifferlinge nur waschen, falls unbedingt nötig. Ein wenig Sand schadet nicht. Bacon-Streifen in kleine Würfel schneiden. Butter in einer Pfanne erhitzen (Herd maximal 50 %), Bacon dazugeben und leicht anbräunen.

Kleingeschnittene Frühlingszwiebeln zugeben und glasig dünsten. Pfifferlinge zugeben und mitdünsten, beobachten und hin und wieder wenden (die Pfifferlinge sind gar, wenn sich ihr Volumen in der Pfanne sichtlich verkleinert). Pfifferlinge auf den Teller geben und mit frisch geschnittenem Schnittlauch bestreuen. Mit Pellkartoffeln servieren.

Von sogenannten Verfeinerungen mit Creme Fraiche oder Sahnesoßen sei abgeraten. Pfifferlinge sollten nach der Erde schmecken, aus der sie kommen.

Steinpilzsuppe

Kloster Eberbach? Kannte ich nicht! Umberto Eccos "Der Name der Rose" aber war mir ein Begriff und noch viel mehr Sean Connery ("Bond! James Bond!"). Im Kloster Eberbach wurde "Der Name der Rose" mit S. Connery in der Hauptrolle gedreht.

Dieses Zisterzienser-Kloster im Rheingau ist eine der ältesten Abteien in Deutschland und zählt zu den bedeutendsten Sakral-Denkmälern Europas.

Das Institut, in dem ich arbeitete, pflegte die Tagungsorte für seine Führungskräfte nach ihren kulturellen Bedeutungen auszuwählen (der Orte, nicht der "Kräfte"). Offensichtlich war man der Meinung, daß allen Naturwissenschaftlern kulturelle Bildungsferne eigen sei.

Auf der Speisenkarte (für geschlossene Gesellschaften natürlich ohne Preisangaben) fand ich den ominösen Eintrag "Steinpilzessenz". Was eine Essenz war, wußte ich. Aber ein Auszug aus Steinpilzen? Ich befragte den Ober. Der spitzte die Lippen und verdrehte die Augen: "Ganz wundervoll! Ein Kilo Steinpilze pur. Konzentriert." Ich mag Steinpilze sehr, wußte aber auch, daß höchster Wohlgeschmack oder -duft in konzentrierter Form zu widerwärtiger Intensität führen kann. Und ich wußte auch, was Steinpilze kosten!

Ich bestellte die Steinpilzessenz.

Niemals vorher und niemals danach hatte ich ein derart intensives, überwältigendes Geschmackserlebnis, wie bei diesen wenigen Löffeln einer dunklen Brühe aus einer kleinen Suppentasse.

Das folgende Rezept verwendet Steinpilze (falls sie zu teuer sind, tut's auch der Braune Kräutersaitling). Mit dem Erlebnis im Kloster Eberbach kann sich das Ergebnis leider nicht messen, vermittelt höchstens eine Ahnung davon.

Zutaten:

50 g	Steinpilze (getrocknet)
2 EL	Butter, gesalzen
150 ml	Sahne
300 ml	Pilz-Einweichwasser
1 Tl	Knoblauch (s. Seite 117)
1 Zwg	Thymian
½ Bd	Schnittlauch, in Röllchen geschnitten
	Pfeffer

Zubereitung:

Steinpilze einweichen (siehe oben). Abtropfen lassen und mit dem gehackten Knoblauch und dem Thymian in zerlassener Butter goldbraun braten.

Pilzwasser mit Sahne aufkochen. Falls zuviel Flüssigkeit, bei moderaten Temperaturen (Herd 30 %) auf gewünschte Konsistenz reduziere. Mit Pfeffer abschmecken.

Pilze in die Suppe geben und alles nochmals abschmecken. 10 min ziehen lassen.

ESSBARES – GEFLÜGELT

In Lindow wurden Hühner, Enten und Gänse verspeist. Manchmal auch Haustauben. Beim Schlachten durfte ich nie zusehen. Ich konnte aber mehrmals sehen (etwa 9-jährig), wie sich Tante Marie ein Huhn griff, es mit einer Hand an den Beinen packte und mit ihm unter das Dach der Remise ging. In der anderen Hand trug sie ein kurzes Beil. Kurz danach kam sie mit dem jetzt kopflosen Huhn zurück, legte es auf den Tisch vor der Laube und rupfte es.

Einmal aber kam das kopflose Huhn vor ihr aus der Remise und rannte noch ein paar Meter über den Hof, bevor es umkippte. Als ich später die Geschichte von Störtebeckers Ende las, glaubte ich jedes Wort.

Für die Tauben war Onkel Kurt zuständig. Der brauchte kein Beil. Er nahm den Kopf der Taube zwischen Zeige- und Mittelfinger und preßte ihn mit dem Daumen zur Seite gegen den Ringfinger. Die knappe Drehbewegung aus dem Handgelenk erfolgte sicher schneller, als das Fallen des gleichnamigen Beils von Monsieur Guillotin. Für Onkel Kurt war dies so selbstverständlich, daß ein neunjähriges Kind dabei zusehen durfte.

Allerdings hätte derselbe Onkel Kurt dasselbe neunjährige Kind nachhaltig verhauen, falls er es dabei erwischt hätte, wie es einen Frosch aufblies, mit Steinen nach Tieren warf oder mit dem Katschi auf Spatzen schoß. Natürlich hat er mich nie erwischt, weil mir so etwas Grausames nicht in den Sinn kam. In Berlin allerdings habe das öfter gesehen, niemals aber in Lindow.

Mit Tieren zu leben, Tiere zu nutzen und sie dennoch zu respektieren habe ich zwanglos und ohne jede theoretische Untermauerung in Lindow gelernt, und zwar nachhaltig! Ich verdanke den Menschen im Lindow der damaligen Zeit sehr viel und bin dafür noch heute dankbar.

Huhn-, Gemüseeintopf

Der französische König Henri IV. ging u.a. deswegen als guter Herrscher in die Geschichte ein, weil er dafür sorgte, dass sich seine Untertanen an jedem Sonntag ein Huhn im Topf leisten konnten. Schon damals war also ein zartes Huhn hoch angesehen - auf dem Eßtisch.

Mir hat dieser Eintopf besonders deswegen gefallen, weil er kaum Fett oder sonstige „Dickmacher" enthält und dennoch würzig schmeckt.

Zutaten für 4 Personen:

1	Brathähnchen (kein Suppenhuhn!)
¼ Kn	Sellerie
2 Stg	Porree
4	Mohrrüben
½	Paprikaschote (wegen des Aussehens des fertigen Eintopfs möglichst rot)
4	Zwiebeln
½ Bd	Petersilie
1 Tl	Sojasauce
1 Bt	Spargelcremesuppe
½ Tl	Pfeffer (möglichst Lemonpepper)

Zubereitung:

Hähnchen mit Wasser aufsetzen (knapp bedeckt) und ca. 80 Minuten köcheln lassen. Hähnchen herausnehmen und die **Brühe klären,** *d.h. Schwebeteilchen und Fett sind zu entfernen. Wie macht man das? Die Brühe kalt werden lassen. Das Fett wird fest und schwimmt auf der Oberfläche (seine Dichte ist geringer als die des Wassers). Die Fettschicht vorsichtig, damit möglichst wenig Reste im Topf verbleiben, mit einem Löffel abschöpfen und verwerfen.*

Ein küchenübliches Sieb mit einem Leinentuch auslegen.

Sie haben kein Leinentuch? Hatte ich auch nicht. War auch nicht einfach, eines zu bekommen. Meins stammt aus einem Handarbeitsladen. Das Tuch ist eine Anschaffung für's Leben, weil es nach Auswaschen mit heißer Seifenlauge beliebig oft wiederverwendbar ist.

Die kalte Brühe in das mit dem Tuch ausgelegte Sieb gießen und Geduld haben. ‚Durchseihen‘ nannte das meine Tante in Lindow. Geduld, weil das Leinen ein sehr feiner Filter ist und die Brühe drucklos, d.h. nur schwerkraftgetrieben durchlaufen muß. Das dauert eben seine Zeit.

Die gefilterte, jetzt fast klare Brühe in einen sauberen Topf geben. Kleingeschnittenen Sellerie und in Scheiben geschnittene Mohrrüben dazugeben und ca. 15 Minuten köcheln lassen. Danach grob geschnittenen Porree, die Zwiebeln und die Paprikaschote zugeben und weitere 30 Minuten köcheln lassen (das Gemüse sollte nach Fertigstellung noch Biß haben).

In der Zwischenzeit das weiße Hähnchenfleisch gründlich von allen Knochen und sonstigen Bestandteilen der Karkasse (Geflügelgeripppe) lösen. In den Topf mit der Brühe geben. Sojapaste einrühren, Pfeffer zugeben und anschließend den Beutel Spargelcremesuppe einrühren. Kurz ziehen lassen und mit kleingezupfter Petersilie servieren.

Putenbrust mit Ananas

Fleisch und Süßes, da schüttelt´s mich eigentlich. Bei asiatischer Küche allerdings geht beides doch sehr gut zusammen, auch für meine Vorurteile (z.B. gegen rheinischen Sauerbraten).

Zutaten:

500 g	Putenbrust oder Hähnchenschnitzel
250 g	Basmati-Reis
1 Tl	Ingwerpulver
5 El	Sojasauce
3 El	Olivenöl
½ Tl	Selleriesalz
½ Tl	Pfeffer (schwarz, frisch gemahlen)
1	Chilischote, klein, getrocknet
2 Tl	Knoblauch (s. Seite 117)
1	Büchse (ca. 340 g Abtropfgewicht) Ananas in Scheiben
1	Büchse (ca. 160 g Abtropfgewicht) Sojasprossen oder gekeimte Mungobohnen
1 Bd	Schnittlauch

Zubereitung in 30 min

Fleisch abspülen, trocknen und in kleine Streifen schneiden. Knoblauch mit Ingwer, Sojasauce, Chili, Pfeffer und Salz vermengen und Fleisch darin wenden. Eine Stunde im Kühlschrank ziehen lassen.

Öl im Topf erhitzen, Fleisch darin ganz kurz anbraten, Ananasstücke untermischen. Bohnenkeime dazu geben und kurz andünsten. Ananassaft und dann den Reis dazugeben.

Dazu Wasser (falls nötig), bis der Reis gerade bedeckt ist und aufkochen lassen. Temperatur senken (Herd etwa 20 %) und 10 min ziehen lassen. Schnittlauch untermengen. Nach Bedarf mit Sojasauce nachwürzen.

Geschmorte Entenkeulen

Der große Gänsebraten sollte etwas Besonderes und dem November (St. Martin) oder Dezember (Weihnachtsgans) vorbehalten bleiben. Falls es denn partout größeres Geflügel sein soll, bietet sich die Ente an. Als Peking-Ente ist sie zu jeder Zeit ein Genuß. Soll's einfacher zugehen, ist sie für die kühleren Monate als Schmorbraten empfehlenswert.

Zutaten:

2	Entenkeulen (je 350 bis 450 g)
2	Äpfel, klein
1	Zwiebel
1 El	Butter, gesalzen
1 Tl	Majoran, getrocknet
400 ml	Geflügel- oder Gänsefond

Zubereitung in ca. 90 min

Zwiebel in kleine Würfel und Äpfel in kleine Stücke schneiden. Die Entenkeulen von größeren Fettstücken befreien und von außen mit Salz einreiben und ca. 10 min ruhen lassen. Mit der fettigen Seite nach unten mit Butter in einem Topf anbraten (Herd etwa 30 %). Nach ca. 7 Minuten wenden und auch die Unterseite ca. 7 Minuten anbraten.

Ein Viertel der Zwiebelwürfel zugeben und mit der Hälfte des Fonds aufgießen. Die Keulen 45 Minuten langsam schmoren lassen. Danach wenden, den restlichen Fond angießen und erneut 30 min schmoren. Nun restliche Zwiebelwürfel, Apfelstücke und Majoran dazutun und verrühren. Nochmals von jeder Seite ca. 10 Minuten schmoren. Dann die Keulen entnehmen und warm stellen. Die im Topf befindliche Sauce, falls notwendig, reduzieren (bei geringer Hitze einkochen). Soße abschmecken und die Keulen für ca. 5 Minuten hinein legen, so daß alles gut warm ist.

Gänsebraten

Die gebratene Gans ist seit meiner bewußten Kindheit das traditionelle Essen am ersten Weihnachtsfeiertag. Nach dem 2. Weltkrieg war dies noch Anfang der fünfziger Jahre ein Luxus. Mit erheblichen Mühen hat es meine Großmutter aber fast immer geschafft, eine Gans von Lindow nach Berlin zu bringen. Dazu mußte sie mit schwerem Gepäck fast 10 km quer durch den Wald von Lindow bis zur Bahnstation nach Weichensdorf laufen. Als Kind bin ich diesen Weg mehrmals mitgegangen. Allerdings ohne schweres Gepäck, das trug ja die Oma. Was die Generation unserer Großeltern erduldet hat, ist heute kaum noch nachvollziehbar.

Zutaten für 4 Personen

1	Gans (4 kg mindestens; bäuerliche Freilandhaltung)

Füllung:

2	Äpfel (geschält, entkernt, geviertelt)
1	Orange (geschält, gepellt, in Schnitze geteilt)
2	Eßlöffel Beifuß, je 1 Teelöffel Salz und Pfeffer

Sauce und Gemüsebettung

400 ml	Gänsefond
1	Becher Schmand
2	Zwiebeln, groß
1 Bd	Suppengrün
1 Zw	Rosmarin
2 Tl	Salbei
1 Tl	Majoran

Zubereitung in ca. 150 min

Flügel abschneiden (bringen nichts für den Braten, sind aber gut fürs Gänseklein) und zusammen mit den Innereien für andere Verwendung aufheben. Suppengrün für die Bettung putzen und kleinschneiden.

Äpfel schälen, in Scheiben schneiden und mit den Orangenschnitzen in einer Pfanne mit Butter andünsten. Die „Innen"-Gewürze (Beifuß, Salz, Pfeffer) zugeben, umrühren und die Herdplatte abschalten. Den Backofen vorheizen (Umluft, 180 °C).

Gans außen mit Salz und Pfeffer einreiben und wie vorbereitet füllen. Öffnungen und Keulen zunähen bzw. mit Spießen zustecken.

Geputztes Suppengrün auf das tiefe Blech des Backofens geben und mit ca. ½ l kochendem Wasser angießen (damit das aus der Gans heraustropfende Fett nicht verbrennt). Gitterrost über das Blech legen. Gans mit der Brustseite nach unten auflegen und in den Ofen geben.

Gans alle 20 min mit Bratensatz übergießen. Nach ca. 1 Stunde Fettstellen auf dem Gänserücken mit einer Gabel einstechen. Danach die Gans umdrehen. Dann Fettstellen auf Brustseite mit Gabel einstechen und weitere 1,5 Stunden braten. Regelmäßig alle 20 min mit Bratensatz begießen.

Wichtig: Zwischendurch immer wieder Bratenfett abschöpfen, aber darauf achten, daß der restliche Bratensatz nicht verkohlt, evtl. etwas heißes Wasser in das Backofenblech geben.

Erfahrungsgemäß reicht die aus der Gans gewonnene Sauce nicht aus. Daher jetzt 400 ml Gänsefond in einen kleinen Topf geben und ohne Deckel so lange köcheln (Herd 30 %), bis die Flüssigkeit auf etwa die Hälfte reduziert ist.

Bräunungsgrad der Gans kontrollieren. Falls die Gans nach 2 Stunden noch nicht goldbraun ist, den Ofen für 10 Minuten auf »Grillen« schalten. Wenn goldbraune Farbe erreicht ist, Gans herausnehmen und in heruntergeschaltetem Backofen (50 °C) warmstellen. Falls die Grillfunktion nicht verfügbar sein sollte, kann man die Gans auch teelöffelweise mit Bier übergießen und den Backofen auf Oberhitze stellen.

Backofenblech auf den Herd stellen (etwa 20 %) und Bratensatz mit ein paar Eßlöffeln warmen Wassers loskochen. Herd abschalten. Reduzierten Gänsefond und Schmand zugeben und einrühren. Alles zusammen in Sauciere (Saucen-Schüsselchen) füllen. Dazu passen Salzkartoffeln, Rotkohl und/oder Grünkohl.

Gänseschmalz

In jedem Jahr bleibt vom Gänsebraten eine erhebliche Menge abgeschöpftes Bratenfett übrig. Daraus läßt sich leicht so viel Gänseschmalz gewinnen, daß es für das ganze Folgejahr reicht.

Gänseschmalz schmeckt nicht nur hervorragend als Aufstrich auf einem kräftigen Roggenbrot, sondert eignet sich auch besonders gut als Bratenfett für Bratkartoffeln, Currywurst (!), etc.

Das folgende Rezept aus Pommern soll von der Fürstin Johanna von Bismarck (1825 bis 1894) stammen, die ihr selbst bereitetes Schmalz an Diplomaten aus dem Umfeld ihres Gatten verschenkte.

Offensichtlich war sich die Fürstin nicht zu fein, selbst zu kochen. Bei dem damals patriarchalischen Selbstverständnis des preußischen Adels ist das nicht erstaunlich und für die Zeit des eisernen Kanzlers durchaus glaubwürdig.

Ich mache mein Gänseschmalz seit Jahrzehnten auf diese Art.

Zutaten:

Abgeschöpftes Bratenfett der Weihnachtsgans
Schweineschmalz (ca. 1/3 der Gänsefettmenge)
2   mittelgroße Zwiebeln (je nach Fettmenge!)
1   Apfel
½ Tl   Thymian, 1 Tl Majoran

Zubereitung:

Zwiebel klein hacken und mit geriebenem Apfel gesondert
anbraten (hellbraun). Gänsefett und Schweineschmalz erhitzen.
Angeröstete Zwiebel und Kräuter zugeben und erkalten lassen.
Das war's auch schon.

ESSBARES AUS DEM WASSER

Frischer Fisch darf nicht nach Fisch riechen (Zersetzung der Eiweiße und Fettsäuren). So hab' ich's gelernt und immer wieder bestätigt gefunden.

Mißtrauische Menschen bestellen im Restaurant weder Sonntags noch Montags Fisch. Es könnten die Reste vom Freitag sein (am Wochenende sind die Großmärkte gemeinhin geschlossen) und Fisch mag keine langen Lagerzeiten. Wird der Fisch mit Sauce Vinaigrette angeboten, ist besondere Vorsicht geboten. Sie dient oft dazu, den Geschmack des nicht mehr frischen Fischs zu übertönen

„Hebte Paling de verkopen?" So ähnlich habe ich den Klang der Frage in Erinnerung, mit der sich des Niederländischen mächtige Freunde von Bord unsrer BM-Jolle bei holländischen Fischern erkundigten, ob sie frisch geräucherte Aale zu verkaufen hätten.

Natürlich hatte ich damals schon „Die Blechtrommel" gelesen und Schlöndorffs Verfilmung gesehen. Hatte auch die Aal-Sequenz noch deutlich in Erinnerung. Dennoch schmeckte mir der Aal ausnehmend gut.

Das Zerteilen von Fischen hat mich meine Mutter an diversen gedünsteten, gebratenen und blau gekochten Forellen gelehrt.

Unvergessene Lehrstunde ist die unangenehme Begegnung mit einem Berliner Karpfen: An einem Sylvestertag der 70er Jahre zeigte ich bei Rogacki in der Wilmersdorfer Straße auf einen Karpfen, der, nichts Böses ahnend, in einem großen Glasbehälter seine Runden zog. Wenig später trug ich ihn, nicht mehr lebend und entschuppt, in einer festen Plastiktüte nach Hause. Daß er nicht ausgenommen war, habe ich erst zu Hause gemerkt, mußte dies also selbst besorgen. Selbst als Lindower Dorfkind habe ich beim Ausnehmen geschlachteter Tiere nur ungern zugeschaut und dieser Karpfen hatte es wirklich "in sich".

Doch "Mann ist Mann!" So war das noch in den Siebzigern. Da mußte 'Mann' eben ohne zu zögern durch. Einmal! Nie wieder habe ich ein ganzes Tier gekauft, ohne mich vorher über die grundlegender Zerlegetechniken zu informieren, die ich seitdem tunlichst immer dem Fachmann überlasse.

Der besagte Karpfen wurde gegart und gegessen. Ein besonderer Genuß oder gar eine Freude war das nicht.

Dennoch mag ich Wassergetier in fast jeder Variation. Selbst zubereiten karn ich aber nur wenige und meine Kenntnisse sind rudimentär: Fische haben rotes oder weißes Fleisch und einfache oder schwierige Gräten.

Krustentiere waren früher unerschwinglich. Die in den 60ern sehr angesagten Krabben-Cocktails mit der Freundin leerten die Monatskasse bedenklich rasch.

Jahre später, nach Uni-Abschluß und in einem Forschungsinstitut bestens bestallt und dotiert, besuchte ich einen Kommilitonen und Freund, Physiker wie ich, in Yorktown Heights nahe New York.

Abends gingen wir essen. Mein Kommilitone, seine Frau und ich. Das Restaurant reetgedeckt und offen. Warten an der Bar bis der Tisch frei wurde. Dann saßen wir und brauchten nicht lange zu warten. Eine große Schüssel knackig frischer Salate wurde in die Mitte gestellt. In die Weingläser kam kalifornischer Rosé, sanft gekühlt. Und auf die großen Teller Lobster! Vorgeknackt, und bis zum Abwinken viel.

An diesem Abend habe ich mich bis zum Platzen mit Hummer vollgefressen (anders kann man das nicht nennen) und dieses Geschmackserlebnisse nie mehr vergessen.

Krustentiere

Ich kannte, wußte von der Weite des Krustentier-Spektrums. Von kleinen, das Portemonnaie schonenden Krabben bis hin zum großen, unerschwinglichen Hummer.

Zwischen Krabben und Hummern tummelt sich eine Vielzahl gepanzerter Leckerbissen. Sie alle gehören zum großen Stamm der Krebstiere (Crustacea). Um die 52.000 Arten von ihnen soll es weltweit geben. Diejenigen, die zu Lebensmitteln zählen, werden als Krusten- oder Schalentiere bezeichnet. Ein grobes Unterscheidungsmerkmal ist der Kopf. Trägt er eine Schere oder Fühler?

Schere:
- <u>Hummer</u> „König der Krebstiere"; in Amerika: Lobster
- <u>Scampo/Scampi</u> = Kaisergranat (auch: norwegischer Hummer)

Fühler:
- <u>Garnelen</u> ~ (Tiger)Prawns ~ Shrimps ~ Gambas ~ Crevetten ~ Krabben
- <u>Langusten</u>

In der Gastronomie, der "Lehre von der Pflege des Magens" (griech.: gaster=Bauch und nomos=Regel, Gesetz) werden die Bezeichnungen oft falsch, manchmal auch unseriös verwendet. Da man selten die kompletten Tiere serviert bekommt (Ausnahme: Hummer), kann man kaum feststellen, von welcher Krebstierart das Gericht oder die Zutat wirklich stammt. Ein italienischer Bekannter erzählte mir, daß ein Pizzabäcker, der seine Pizza Scampi mit Garnelen bestückt, von seinen Landsleuten großen Ärger zu erwarten hätte.

In meiner Küche wurde noch nie ein Hummer gesichtet; häufig dagegen mit Fühlern bestückte Krustentiere auf der Durchreise zum Teller. Ganz gleich, mit welchem Namen sich die

„Garnelenartigen" auf der Verpackung bezeichnen, sie gehören allesamt zum selben Clan. Unterschiedlich sind die Herkunftsgebiete (obschon das heute nur noch eine untergeordnete Rolle spielt) und vor allem die Größe.

Grobe Regel: Je länger desto besser (und teurer). Verkauft werden sie nach Gewicht und Zahl. 6/8 pro 1000 g sind also schon beachtliche Kaliber, 8/12 schon etwas kleinere. Manchmal findet man auch noch die „krumme" Gewichtsangabe 454 g. Das hat historische Gründe: 454 g, entsprechen einem englischen Pfund.

Die Frage, welche Art man verwenden sollte, entscheidet der persönliche Geschmack (ausprobieren). Die Frage ob Wildfang oder Zucht entscheidet Herr Brecht.

Die Bezeichnung „glasiert" bedeutet, daß sie mit einer dünnen Eisschicht überzogen sind. Glasierte Garnelen können roh oder gekocht sein. Apropos gekocht: davon lasse ich die Finger, ich möchte selbst entscheiden, wie ich die Garnelen verwende.

See- oder Flußfische

Welche Arten in welchen Regionen noch ungefährdet sind, scheint sich ständig zu ändern – und das nicht zum Besseren. Was man noch essen darf und was besser nicht, muß man nach eigenen Kriterien entscheiden. Für mich gibt es mittlerweile eine zunehmende Liste von Tieren, die ich aus unterschiedlichen Gründen nicht mehr esse. Aber es gibt sie noch, die Fische, die mir schmecken und die noch nicht zu den gefährdeten oder industriell gezüchteten Arten gehören

Allen scheint gemeinsam zu sein, daß die wichtigste Zubereitungsfaktoren die ‚richtige' Garzeit und -temperatur sind. Ob gedünstet oder gekocht, ob gegrillt oder gebraten, mehr als sechs Minuten braucht kaum ein Fisch.

Zerfallener Fisch taugt eigentlich nur noch zur Herstellung von Fischfond, finde ich. Also: Beim Garen von Fisch kommt es auf die Minute an. Verwendet man mehrere Fischarten in einem Gericht gehören die festfleischigen zuerst in den Topf/die Pfanne und danach dann die mit dem eher zarten Fleisch. Die folgende Übersicht gibt dafür nützliche Hinweise.

fest	zart
Steinbutt	Kabeljau
Seezunge	Barsch
Schellfisch	Heilbutt
Dorade	Seeteufel
Seelachs	
Scholle	

Deswegen bitte bei allen Fischgerichten die angegebenen Zeiten ernst nehmen, während des Garens am Herd stehen bleiben und in kurzen Abständen den Garfortschritt mit einer Gabel prüfen.

Dorade royale

Dorade? Nie gehört! Goldbrasse sagte mir auch nichts. Überhaupt war ich bei der Unterscheidung von Fischarten ein ebenso kompletter Ignorant wie bei Krustentieren. Hering, Aal und Karpfen war meine ganze Fischwelt. Nachkriegskind eben.

Nach dem Match ist vor dem Essen! Der Wirt unseres Tennis-Restaurants war kommunikativ, konnte wundervoll kochen und war ein perfekter Gastgeber und Organisator. Er hieß Dino. Ob ich eine Dorade mögen würde, fragte er mich nach einem langen Match. Er würde sie selbst zubereiten! Das war ein Wort!

Die Dorade-Royale, die mir Dino an diesem Abend zubereitete, war ein Erlebris für Zunge und Gaumen und ist Erinnerung bis heute (auch und besonders an Dino, der längst im Spieler-Paradies weilt).

Immer wieder habe ich versucht, diesen Geschmack zu reproduzieren. Überzeugend gelungen ist mir das nicht. Aber die nach der folgenden Prozedur zubereitete Dorade ist nicht ganz ohne Reiz.

Zutaten für 3 Personen:

3		Doraden
6		Tomaten (Rispe, klein)
4		Frühlingszwiebeln
1	El	Knoblauch (siehe Seite 109)
3		Limetten (Zitronen tun's auch)
1		Zitrone, ungespritzt
6		Zweige Rosmarin
6		Zweige Thymian
6		Zweige Dill
2	El	Mehl
3	El	Olivenöl
½	Tl	Salz
½	Tl	Pfeffer, schwarz

Zubereitung:

Die küchenfertigen (ausgenommenen, entschuppten) Doraden unter kaltem Wasser abspülen und mit Küchenkrepp trocknen. Die Haut auf jeder Seite mit einem scharfen Messer je nach Größe zwei- bis dreimal schräg einritzen, um gleichmäßiges Braten zu erzielen. Die Fische mit Limettensaft einreiben. Je zwei Rosmarinzweige und ein Drittel einer geschälten (könnte nachbittern) Limette hineinlegen und den Bauch mit einem Spieker verschließen.

Die Tomaten auf dem ganzen Umfang zweimal einritzen, in kochendem Wasser ca. 30 Sekunden blanchieren, die Haut abziehen und die Tomaten vierteln Die Zwiebeln kleinschneiden. Dill und Thymian kleinhacken. Salzen, pfeffern (schwarzer Pfeffer aus der Mühle), 2 Tl Olivenöl dazugeben und alles gut miteinander vermengen.

Die gefüllten Doraden in Mehl wenden und dann in der vorgeheizten Pfanne (Herd 30 %) in heißem Olivenöl von beiden Seiten 4 min anbraten. Herd auf niedrigste Stufe schalten. Die Tomaten-Kräutermischung um die Fische drapieren.

Anschließend bei niedriger Temperatur und geschlossenem Deckel fertig garen. Nach jeweils 5 min wenden. Je nach Größe der Fische sind sie nach ca. 10 Minuten gar. Garprobe: Läßt sich die Rückenflosse leicht herausziehen? Falls ja, Pfanne sofort von der Platte nehmen!

Die Fische mit einem breiten Heber vorsichtig aus der Pfanne auf die vorgewärmten Teller heben und eine längsgeviertelte Zitronenspalte dazulegen. Ob man die Doraden mit dem Tomaten-Kräuter-Gemisch garniert, muß man von Fall zu Fall entscheiden; manchmal sieht das Gemisch nicht sehr appetitlich aus, schmeckt aber trotzdem gut zu Kartoffeln.

Zu den Doraden passen Rosmarin-Kartoffeln, Salzkartoffeln oder auch nur ein Salat.

Meeresfrüchte Suppe

Fisch soll's sein, die Zutaten sind vorrätig und schnell soll's auch noch gehen.

Alles, was man außer den Meeresfrüchten braucht, ist in einer oft genutzten Küche im allgemeinen vorrätig. Da ich sehr gerne

Wassergetier esse, habe ich meist auch eine Tüte gefrorener Meeresfrüchte im Kühlschrank. Das folgende Rezept läßt sich „fischmäßig" fast beliebig abwandeln.

Zutaten:

30 g	Butter, gesalzen
1	Zwiebel, gehackt
1 El	Knoblauch (nach Seite 109)
60 g	Sellerie, gewürfelt
1	große Kartoffel, gewürfelt
600 ml	Fischfond
1 El	Thymian
500 g	Meeresfrüchte
6	große Garnelen
1 El	Tomatenmark
400 g	Tomatenstücke aus der Büchse
1 El	Petersilie, Pfeffer

Zubereitung in ca. 30 min

Butter bei mittlerer Temperatur schmelzen (darf nicht rauchen). Zwiebeln, Knoblauch und Sellerie ca. 3 min dünsten. Kartoffeln, Fischfond und Thymian zugeben und mit Deckel 15 min köcheln lassen.

Tomatenmark, Tomatenstücke, Garnelen und Meeresfrüchte dazugeben und bei schwacher Hitze weitere 3 min köcheln lassen. Pfeffern und mit der Petersilie garnieren.

Fischsuppe einfach

Ich mag Eintöpfe, ich mag Fisch und Tomaten. Letztere sind sowieso Lebensgrundlage – nun ja, zumindest eine von meinen.

Mir war so sehr nach ... nee, nicht nach Tamerlan ... mir war nach Fischtomateneintopf. Also schaute ich nach, was Tiefkühlschrank und Büchsenvorräte hergaben und kochte mit dem Vorhandenen drauflos. Das Ergebnis war überraschend gut, die Zubereitung schnell und einfach. Also noch ein paarmal mit Variationen nachgekocht und hier ist das Ergebnis. Sicher schmeckt die Suppe mit frischem Fisch eher besser. Ich habe sie bisher aber nur mit Tiefkühlware zubereitet.

Zutaten:

500 g	Fischfilet tiefgefroren (Kabeljau, Seelachs, Scholle oder was gerade vorhanden ist)
200 g	Frutti di Mare oder Shrimps
400 ml	Fischfond
3	Zwiebeln, klein
1 Tl	Knoblauch (s. Seite 109)
½	Zitrone (Saft)
500 g	Tomaten gehackt (Büchse)
1	Scheibe Sellerie
2 El	Olivenöl
1	Lorbeerblatt
4	Wacholderbeeren
½ Tl	Salz
½ Tl	Pfeffer, weiß, frisch gemahlen
½ Bd	Schnittlauch

Zubereitung in ca. 40 min

Zwiebeln und Sellerie grob schneiden. Öl in großem Topf erhitzen (Herd 50 %). Sellerie zugeben und ca. 4 Minuten andünsten. Zwiebeln zugeben und glasig dünsten. Tomaten zugeben und umrühren. Fischfond zugeben und umrühren. Lorbeer und Wacholder zugeben. Alles kurz bei voller Hitze aufkochen, dann auf 30 % reduzieren, Deckel auflegen und 5 Minuten köcheln lassen. Fisch und sonstige Meeresfrüchte zugeben und weiter köcheln lassen.

Nach ca. 20 Minuten ist der Fisch aufgetaut und durchgezogen. Herd abschalten. Die großen Filetstücke mit dem Kochlöffel in mundgerechte Größe zerteilen. Salz und Pfeffer zufügen, umrühren und nochmals bei geschlossenem Deckel 2 Minuten ziehen lassen Schnittlauch zugeben und umrühren. Ein knuspriger Toast dazu ist kein Fehler.

Forellen

Bachforellen (auch Stein- Schwarzforelle; gefleckte Haut) sind sehr gut und zu empfehlen, da man Seeforellen nicht immer bekommen kann. Regenbogenforellen (auch Stahlkopf- oder Purpurforellen; rotes Band an den Körperseiten) werden gemästet und sind robuster und größer als die delikateren Bachforellen.

Lachsforellen sind eigentlich Regenbogenforellen (viel größer und schwerer als Bachforellen); fettärmer und bekömmlicher als Lachs. Zubereitung in einer Pfanne ist wegen der Größe kaum möglich (besser im Backofen).

Seit sie mir vor gefühlten 100 Jahren zum ersten Mal auf dem Teller begegnet sind, mag ich Forellen in jeder Zubereitungsart, gebraten, gegrillt, a la Müllerin oder blau.

Forelle nach Müllerin Art

Im Mühlbach, hinter dem großen Wasserrad, lebten die Forellen im klaren, rasch strömenden Wasser. Der Müller und seine Frau erfreuten sich dieser Bereicherung ihrer ansonsten recht einseitigen Speisekarte. Sie mußten beide schwer arbeiten, für das Kochen blieb nicht viel Zeit. So sprang denn der Müller manchmal zur Mittagszeit in den Mühlbach und fing zwei Forellen mit bloßen Händen, denn Netze oder eine Angel besaß er nicht.

Die Müllerin war in der Zwischenzeit mit bis zu den Ellenbogen bemehlten Armen und Händen von den Mehlsäcken, für deren zunftgerechte Befüllung sie verantwortlich war, zum Herd gelaufen. Sie hatte ihn angefeuert und die alte Eisenpfanne heiß gemacht hatte.

Als ihr Mann die beiden Forellen brachte, hatte er sie schon im Laufen geschuppt und ausgenommen. In der Pfanne zischte bereits das Schweineschmalz. Die Müllerin nahm die Fische und wischte mit ihnen kurz über ihre dick bemehlten Arme. Das tat sie gerne, es war ein angenehm erfrischendes Gefühl auf der Haut. Dann legte sie bemehlten Fische in die Pfanne, die Forellen a la Meuniere.

Zutaten:

2	Bach-Forellen
¼ l	Milch
2 El	Mehl
2 El	geklärte Butter oder Butterfett
2 El	Butter, ungesalzen
1	Bund Petersilie
½	Zitrone

Zubereitung in 20 min

Forellen unter kaltem, fließenden Wasser abspülen und mit Haushaltskrepp trocknen. Durch die Milch ziehen und in Mehl wenden.

Eine große Gußpfanne auf Stufe 50 % erhitzen und 2 El geklärte Butter (Butterfett, Butterschmalz) in die Pfanne geben. Nach dem Schmelzen Forellen in die Pfanne geben und von jeder Seite bis zur Bräunung anbraten. Die Gußpfanne hat genügend Hitze zum gleichmäßigen Anbraten von beiden Seiten gespeichert.

2 Eßlöffel Butter hinzufügen und die Forellen von jeder Seite weitere 4 Minuten braten. Nach dieser Zeit ist das Fleisch „auf den Punkt" gegart, so daß sich es sich ohne Gräten mit flacher Klinge abheben läßt. Nach dem Braten ist die Haut der Forelle unansehnlich trocken. Ein Eßlöffel der braunen Butter aus der Pfanne darüber gegeben, macht die Haut appetitlich glänzend.

Dazu passen Petersilien-Kartoffeln.

Forelle Blau

Zweifellos die bekömmlichere Art, eine Forelle zuzubereiten. Welche Zubereitung ich wähle, bespreche ich mit den jeweils gekauften Forellen. Manche möchten bemehlt und heiß umhegt werden, während es andere nach dem linden Bad in würzigem Wasser verlangt. Hier die gewürzwässerige Variante.

Zutaten:

2	Forellen
2 l	Wasser
1	Möhre

1	Zwiebel
1	Stange Lauch
3	Stengel Petersilie
1	Lorbeerblatt
2	Wacholderbeeren
1 Tl	Pfefferkörner
50 ml	Weißweinessig
100 g	Butter, gesalzen

Zubereitung in 20 min

Wasser in großem Topf aufkochen, Gemüse, Essig und die Gewürze zugeben. Den Fisch vorsichtig innen und außen waschen. Das muß vorsichtig geschehen, damit die Schleimschicht nicht verletzt wird.

Fisch in den Sud gleiten lassen, auf kleinster Stufe 10 Minuten ziehen lassen. Vorsichtig herausnehmen und mit zerlassener Butter übergießen.

Dazu passen Salzkartoffeln.

Kabeljau in Dillsauce

Ein Stück Kabeljau in der Frischfischabteilung eines Kaufhauses fand ich äußerst appetitlich aussehend. Gekauft, zu Hause eingefroren und ein halbes Jahr nicht beachtet. Nach und nach ein paar Ideen. Dies ist das Ergebnis.

Zutaten:

1 kg	Kabeljau
400 ml	Fischfond

| 1 | Zwiebel (groß) |
| 15 | Nelken |

Gewürzsäckchen:

2	Lorbeerblätter
6	schwarze Pfefferkörner
6	Wacholderbeeren
2 Bd	Dill
125 ml	saure Sahne oder Sauerrahm

Zubereitung in ca. 30 min

Zwiebel enthäuten und mit Nelken spicken. Fischfond, 200 ml Wasser und die gespickte Zwiebel mit dem Gewürzsäckchen in einen großen Topf geben, kurz aufkochen und bei niedriger Hitze (Herd 30 %)) ca. 10 min köcheln lassen.

Abgespülten Kabeljau in den Topf geben und 15 min pochieren (d.h. bei geringer Hitze im Sud garen). In der Zwischenzeit die Dillsauce zubereiten (siehe Kapitel Saucen).

Fisch auf Teller servieren, mit Sauce übergießen und mit etwas frischem Dill garnieren. Salzkartoffeln passen gut dazu.

Mediterrane Garnelenpfanne

„Topfgucker mögen wir nicht!", sagte meine Mutter und lachte, wenn sie mich wieder einmal mit dem Topfdeckel in der Hand am Herd erwischte.

Auf Kreta war das ganz anders. „Komm, komme gucken", sagte Alexandros und zog mich am Ärmel hinüber zum Kühlschrank. "Alles neu, von Boot, this morning. Mach für dich, sag was!"
Der große Kühlschrank war voll. Fische, Calamari und Krusten-viecher, noch und nöcher. Ich hatte keine Ahnung, was ich

mögen würde, zeigte einfach irgendwohin. „Mhh", machte Alexandros, „Jumbo shrimps. Sehr gut. Is fast cooking!"
Die Zubereitung ging wirklich schnell und war einfach nachzu-
vollziehen. Was King Prawns allerdings wirklich kosten, merkte
ich erst, als ich sie in Berlin kaufte. Alexandros hatte mir offensichtlich nur den Familienpreis berechnet.

Zutaten für 4 Personen:

1 kg	White Tiger Garnelen mit Schalen
6 El	Olivenöl
3 Tl	Knoblauch (s. Seite 109)
1 Tl	Chiliflocken
½ Bd	Petersilie
2	Zitronen
	Salz
	Pfeffer

Zubereitung in 20 min

Köpfe der Garnelen vorsichtig abdrehen, Schwänze dranlassen
(braucht man zum Anfassen, wenn man das Fleisch aus den
Schalen zieht). Die rohen, grauen Garnelen unter kaltem Wasser
abspülen und mit Küchenkrepp trocken tupfen.

Knoblauch in einer großen Pfanne (möglichst aus Gußeisen)
mit dem Olivenöl erhitzen (Herd 50%), Chili hinzugeben und ca.
1 min andünsten.

Die Garnelen hinzugeben und von beiden Seiten braten (ca. 1
min pro Seite) bis sie gleichmäßig rosa sind. Nicht zu lange braten, sie werden sonst trocken und fest!

Mit gehackter Petersilie garnieren und mit einem Zitronenvier-
tel servieren. Salz und Pfeffer (aus Mühlen) sollte jeder selbst
nach eigenem Geschmack verwenden.

ESSBARES VON DER WEIDE

Dieses Kapitel hätte ich auch „Alles was ich mal hüten mußte" nennen können.

Hüten mußte ich natürlich nicht in Berlin, sondern in Lindow. Kinderarbeit? Nein, so haben wir das nicht empfunden. Eher als „das dürfen wir auch schon!". Ich hütete Kühe und Ziegen. Vor Gänsen, insbesondere dem Ganter, der mit vorgerecktem Hals laut zischend auf mich zugerannt kam, hatte ich Angst, und das zu Recht. Er konnte mit seinem kräftigen Schnabel selbst Erwachsenen unangenehme Quetschbisse zufügen, und ich war gerade mal sieben Jahre alt. Die Gänse brauchte ich also nicht zu hüten.

Eigentlich war Kühehüten ja eine Arbeit für die Großen. Weil es aber bei Lindows weder Bullen noch Ochsen gab, durfte ich die Färsen und Kälber hüten. Die waren allesamt friedlich. Sie sollten allerdings nur auf der eigenen Wiese grasen, beim Nachbarn waren sie nicht gerne gesehen.

Zäune gab's nicht, nur einen schmalen Feldrain, den ein Rind, ohne hinzugucken, mit einem Schritt überwinden konnte. Und den tat es, seiner Freßlinie folgend, auch auf Bauer Mochows Wiese.

Mach' mal einer Kuh klar, daß sie hier noch grasen darf, einen halben Meter weiter aber nicht mehr – obwohl dort dasselbe Gras wächst. Wer ist hier das Rindviech?

Die Viecher von den verbotenen Wegen abzubringen, war nicht einfach. Sie waren stur; verständlicherweise. Ich wäre es an ihrer Stelle ja auch gewesen. Schlagen war selbstverständlich verboten, also rupfte ich Gras. Damit ließen sie sich meist korrumpieren. Sie folgten lieber dem verführerisch hingehaltenen Bündel, als selbst den Kopf zur Wiese zu senken. Damit konnte ich sie in die Kurve und zurück auf Lindows Wiese locken. Das Rindvieh und ich. Wir haben gemeinsame Schwächen.

In Lindow hatte ich gegenüber anderen Kühe hütenden Kindern sogar den Vorteil, daß unsere Kühe auf der „Leckne" genannten Wiese vorne durch den sandigen Fahrweg und hinten durch einen Graben begrenzt waren. Ich mußte also nur nach links und rechts aufpassen, hatte also nur selten etwas zu tun.

‚Dasein' mußte ich allerdings. Die Tiere schienen zu merken, ob man in die Wolken träumte oder sie beobachtete. Langweilig war mir das Kühehüten nie.

Hin und wieder gab's auch mal das Vergnügen, daß eines der Tiere einen frischen breiten Fladen auf die Wiese klatschen ließ. Wir Kinder liefen in Lindow den ganzen Sommer über nur barfuß. Es war ein besonderes Vergnügen, ganz langsam in solch einen frischen Kuhfladen zu treten und zu spüren, wie die halbfest-sämige, körperwarme Masse zwischen den Zehen nach oben quoll und den Fuß umhüllte. Eklig? Nee, überhaupt nicht! Ein sehr angenehmes Gefühl auf der Haut. Danach ging man zum Bach und spülte sich die Füße ab.

Schafe brauchte ich nicht zu hüten, wir hatten auch nur vier oder fünf. Gerade genug für die Wolle, die im Winter versponnen und zu Socken, Socken und nochmal Socken und auch dem einen oder anderen Pullover für die Familie verstrickt wurde.

Aber die Ziegen mußte ich hüten. Davon gab's zwar auch nur drei, aber die waren eigenwillig. Besonders gern gingen sie mit ihren Mäulern hoch in die Akazien und fraßen die frischen Blätter. Nie haben sie sich an den harten, spitzen Dornen verletzt. Das hab' ich immer bewundert. Ich brauchte nur aus Versehen mal in die Nähe von Akazien kommen und schon hab' ich geblutet. Wieso konnten die Ziegen mit ihren weichen Mäulern etwas, was ich nicht mal mit meiner Hand schaffte? Ich habe Ziegen immer gemocht, ihr freches Gesicht und ihr lautes, fröhliches Gemecker. Ob sie gestunken haben? Nee, nicht daß ich mich daran erinnern könnte.

Seltsamerweise kann ich mich auch nicht daran erinnern, in Lindow jemals Schafs- oder Ziegenkäse gegessen zu haben. Gab es sie nicht? Waren sie nur für den Verkauf? Keine Ahnung. Als ich sie viele Jahre später entdeckte, waren sie mir jedenfalls von Anfang an vertraut und willkommen. Bis heute sind mir Schafs- und Ziegenkäse lieber als Käse aus Kuhmilch.

Als Kind, als Jugendlicher, als junger Erwachsener und sogar noch einige Jahre darüber hinaus hatte ich ein Urvertrauen in das, was auf den Tisch kam. Man aß bedenkenlos alles, was auf den Tisch kam. Das ist vorbei.

Heute zweifeln wir an der Unbedenklichkeit fast jeden Lebensmittels, das wir kaufen. Und das aus gutem Grund. Meine kritische Phase begann mit der Lektüre von Safran Foers "Tiere essen". Ja, ich weiß! Aber ich gehöre leider zu den Spätmerkern.

Geflügel und Eier kaufe ich nur noch beim mir bekannten Erzeuger. Schwein gar nicht mehr. Auf die Currywurst und die Bouletten zu verzichten, will und wird mir allerdings nicht gelingen.

Rindfleisch kaufe ich nur noch im Bio-Handel, dem ich aber auch schon zu mißtrauen beginne und Lamm im türkischen Supermarkt.

Der nächste Schritt wäre die Reduktion des Verzehrs tierischer Produkte auf ein unvermeidbares Minimum. Damit hätte dann auch dieses Buch seine eventuelle Nützlichkeit weitgehend verloren und wäre reif für die Tonne. Was kein Verlust für die Menschheit wäre.

Zubereitung von Fleisch

Salzen:

Falls der Geschmack beim Braten im Fleisch bleiben soll, sollte man es nicht vorher salzen. Dadurch würde man durch Osmose die Flüssigkeit aus dem Fleisch ziehen.

Marinieren:

Sparsamkeit ist hier von Übel. Das Fleisch muß vollständig von der Marinade bedeckt sein; andernfalls sind deutliche Unterschiede in Geschmack und Garzustand vorprogrammiert.

Anbraten:

Scharf anbraten, lautet die Devise, damit sich die Poren schnell schließen und das Fleisch saftig bleibt. Alles Quatsch!

Fleisch hat keine 'Poren', es besteht aus Muskelzellen. Beim Anbraten werden die Oberflächenproteine der äußeren Zellen karamellisiert und die "Maillard-Reaktion" /This/ bewirkt die kräftigbratig schmeckende Kruste. Es gibt keinerlei Anzeichen dafür, daß diese Kruste wasserdicht ist. Was „lernt uns das?" Anbraten bei niedrigen Temperaturen ist allemal schonender und im Ergebnis wohlschmeckender als das brutale Hochtemperatur Gesenge.

Maillard-Reaktion /TB1/:

Die Maillard-Reaktion ist eine der wichtigsten chemischen Reaktionen in der Küche bei allen Arten des Garens von Fleisch: Unter Hitzeeinwirkung reagieren Aminosäuren (die einfachsten Bausteine der Eiweiße, die alle die Aminogruppe NH_2 enthalten) mit Zucker. Dabei spalten sie ein Wassermolekül ab und entwickeln sich über mehrere Zwischenprodukte zu ringförmigen "aromatischen" Verbindungen (geruchs- und geschmacksintensive Substanzen und Bräunungsstoffe), eben das, was dem Braten seinen unvergleichlichen Geschmack gibt. Alles klar?

Ruhezeit:

Einen Braten sollte man niemals anstechen, dadurch würde man die zu vermeidenden 'Poren' = Löcher erst schaffen. Nach dem Ende der Garzeit sollte man ihn bei ausgeschalteter Hitzequelle unbedingt etwa 10 Minuten nachziehen lassen. Andernfalls läuft nach dem Anschneiden zuviel Fleischsaft aus.

Panieren:

Das Ei aufschlagen und mit den Gewürzen (im Trivialfall also Salz und Pfeffer) verrühren. Dann das Fleisch in folgender Reihenfolge panieren:

Mehl → Ei → geriebene Semmel = fertig paniertes Schnitzel

Schnitzel

Mit sechzehn war ich zum erstenmal in Wien, in einem Feriencamp (Zeltlager) einer internationalen Jugendorganisation im Hörndlwald. Das Taschengeld war äußerst knapp bemessen, aber ein Wiener Schnitzel mußte sein. Natürlich war das Restaurant nach seinen Preisen auszuwählen - und dementsprechend war dann auch das Schnitzel: in den dicken Lagen der Panade war wahrscheinlich auch ein mit dem Mikrotom geschnittenes Fleischscheibchen enthalten. Ich hab's nicht entdeckt aber eine lange andauernde Abneigung gegen Wiener Schnitzel davongetragen.

Jahrzehnte später kam ich, beruflich bedingt, recht oft wieder nach Wien. Und wieder "Wiener Schnitzel". Diesmal allerdings war das Restaurant nicht nach seinen Preisen, sondern nach seiner Qualität ausgewählt. Seitdem mag ich Wiener Schnitzel. Aber nur in Wien, in diesem einen Restaurant - und bei mir zu Hause.

Ist es nicht bemerkenswert, wie gerne hochmögende Herrschaften ihrer Namen für kulinarische Kreationen wie Napoleonschnitte, Bismarckhering, Lady Curzon Sauce, u.v.a. hergaben?

Eine Kuriosität der deutschen Schnitzelküche ist die Zubereitung "à la Holstein": das Schnitzel wird mit einem Spiegelei und Sardellenstreifen gekrönt. Ich mag Spiegeleier, aber nicht auf einem Schnitzel, und Sardellen schätze ich überhaupt nicht.

In diesem Buch gibt es keine Schnitzel-Variation, es wäre eine Beleidigung für jeden aufmerksamen Leser. Aber was es mit dem Schnitzel à la Holstein auf sich hat, möchte ich erzählen.

Als der eiserne Kanzler, Fürst Otto von Bismarck, 1890 von Wilhelm II. entlassen wurde, vermutete er als Ursache dafür eine

Intrige seines unerklärten Rivalen im Auswärtigen Amt, des Geheimrates Friedrich von Holstein, der "grauen Eminenz" des Amtes. Dem sagte man kulinarisches Verständnis nach: "Für eine gute Tagesarbeit ist ein gutes Frühstück unerläßlich. Ich bin daher gesonnen, jeden Beamten milde zu behandeln, der Fehler oder Ungeschicklichkeiten begeht, die auf schlechtes Frühstück zurückzuführen sind."

Das besagte Schnitzel soll seine Kreation sein. Bismarcks Entlassung war es wahrscheinlich nicht. Die besorgte Wilhelm II. ohne fremde Hilfe und führte sein Land dann ja auch "herrlichen Zeiten" entgegen. Auch kulinarisch.

Der Kohlrübenwinter 1916/17 ist meiner Großmutter ein lebenslang sprichwörtliches Ereignis geblieben. In den Kriegsjahren verhungerten ca. 800.000 Zivilisten im kaiserlichen Deutschland.

Gulasch (Gulyàs)

Ich liebe die Figur der Piroschka und mag Liselotte Pulver: "Kerem, Andi, mach' Signal". Gulasch war eines der ersten Gerichte, mit denen ich meine Freunde beeindruckte. Wohl mehr durch großzügigste Verwendung scharfen Paprikas ("Richtiges Gulasch muß brennen, wie Hölle, zweimal. Wann geht hinein in Körper, und wann geht wieder hinaus"), als durch besondere Qualität.

Gulasch gehört zu den von mir sehr geschätzten "Abfall"-Gerichten. Die Hirten und Kleinbauern in der Puszta lebten vom Verkauf des Fleisches ihrer Rindviecher. Was sie für sich behielten, war sicher nicht das hochwertige Filetfleisch. Berühmt wurde das Gulasch mit minder wertvollem Rindfleisch, z.B. Beinscheiben oder Suppenfleisch. Dies erfordert allerdings eine etwas aufwendigere Zubereitung, die ich mir erspare.

Die Hirten machten auch keinen Unterschied zwischen Gulasch und Gulaschsuppe. Das Gericht wurde einfach so lange reduziert, bis es fast trocken war (und so auch leichter in Lederbeuteln per Pferd transportiert werden konnte). Für eine Gulaschsuppe wurde dann einfach etwas mehr Wasser zugefügt als für das "Nur"-Gulasch.

Ich bin nie in Ungarn gewesen. Eine geplante und gebuchte Dienstreise nach Budapest wurde durch den ungebetenen Besuch der Dame Influenza in buchstäblich letzter Stunde verhindert. Danach hat sich's nicht mehr ergeben.

Gulasch habe ich immer und immer wieder zubereitet und das Rezept mit und ohne fremde Hilfe verändert und (hoffentlich) verbessert. Zuletzt durch Anregungen von Sandor Vaš /VAS/. Hier der heutige Stand.

Zutaten für 3 Personen:

1000 g	Rindergulasch
300 g	Markknochen
1000 g	Zwiebeln, weiß
2 El	Knoblauch, frisch (s. Seite 109)
3 El	Gänse- oder Schweineschmalz
100 g	Tomaten-, Paprikamark
1 Tl	Salz
½ Tl	Pfeffer
4 El	Paprika (rosenscharf)
8 El	Paprika, edelsüß
¼ l	Rotwein, halbtrocken
2 Tl	Gewürzmischung (4:2:1 Kümmel, Majoran, Thymian)
200 ml	Rinderfond
100 g	Schmand

Vortag:
Die Fleischwürfel mit dem Knoblauch und dem Salz innig vermengen und über Nacht im Kühlschrank marinieren.

Zubereitung in 120 min
Die Knochen gut abspülen (Knochensplitter, Sägereste). Die Zwiebeln in Ringe schneiden. Das Schmalz vorsichtig erhitzen, es darf nicht rauchen (siehe Rauchpunkt-Temperaturen im Kapitel "Fakten und Daten"). Die Zwiebeln hinzufügen und andünsten. Sie dürfen n i c h t braun werden. Das Fleisch mit Mehl bestäuben, auf die Zwiebeln legen und 15 min bei niedriger Temperatur (Herd 30 %) ziehen lassen. Paprikapulver darüber streuen und das Tomaten-, Paprikamark zugeben. Alles gut umrühren.
Gulasch ist ein Schmorgericht. Es sollte also langsam gegart werden (ein weiteres Beispiel für die Vorzüge des Niedertemperatur-Garens). Also alles bei moderater Temperatur (Herd 30 %) vorsichtig reduzieren. Nach 20 min die Knochen dazulegen und den Rotwein zufügen. Falls das Ganze noch zu trocken erscheint, den Rinderfond in kleinen Dosen dazugeben. Mit Deckel (kleinen Spalt offenlassen) 1h lang schmoren. Zwischendurch kontrollieren, ob noch genügend Saft vorhanden ist und ggf. mit Rinderfond ergänzen. Dann die Gewürzmischung zugeben.

Ziel: Gulasch
Knochen entfernen, fertig

Ziel: Gulaschsuppe:
mehr Rinderfond hinzugeben

Falls Minderung der Paprika-Schärfe gewünscht, Schmand unter das Gulasch rühren.
Dazu schmeckt eigentlich nur Kartoffelpüree. Natürlich selbst gemacht.

Rinderrouladen

Eines meiner frühesten Lieblings-Gerichte und bis heute immer noch in ständiger Weiterentwicklung sind Rinderrouladen.

Bei meiner Oma (wo sonst?) habe ich die ersten Rouladen gegessen. Meine Nachkoch-Versuche scheiterten allesamt am Innenleben der Rouladen. Ich aß wunderbare Rouladen bei Freunden, auch in Restaurants, schmorte mir vom Fleischer vorgewickelte Rouladen, aber die selbstgewickelten mißlangen allesamt.

Bis ich mich bei der Geburtstagsfeier eines Freundes zwischen zwei Hobbyköchen sitzend wiederfand. Von ihnen stammt das nachfolgende Rezept. Ehrlich: wir haben nicht länger als eine halbe Stunde über Kochen gesprochen!

Zutaten:

2		Rouladen vom Rind
1		Zwiebeln, groß
1		Gewürzgurken
3		Scheiben Speck, durchwachsen
1	El	Senf (mittelscharf)
1		Selleriescheibe
1		Mohrrübe, klein
¼	Stg	Porree
200	ml	Rotwein
200	ml	Rinderfond
1	Msp	Salz, Pfeffer [1] SEP
1	Tl	Speisestärke
1	Tl	Gurkenwasser
1	Tl	Butterschmalz

Zubereitung:

Die Rinderrouladen aufrollen, waschen und mit Küchenkrepp trockentupfen. Zwiebeln in Halbmonde, Gurken in Längsstreifen schneiden, Schere und Küchengarn bereitstellen. Den Speck in der Butter knusprig braten.

Die ausgebreiteten Rouladen dünn mit Senf bestreichen, salzen und pfeffern. Auf jede Roulade mittig in der Länge ca. ½ Zwiebel und 1 ½ Scheiben Speck sowie 2 x ¼ Gurke (quer zum Speck) verteilen. Nun die Roulade von beiden Längsseiten etwas einschlagen, dann aufrollen und mit dem Küchengarn wie ein Postpaket verschnüren.

In einer Pfanne das Butterschmalz heiß werden lassen und die Rouladen darin rundherum anbraten, dann herausnehmen und in einen Schmortopf umfüllen.

Den Sellerie, die restliche Zwiebel, den Porree und die Mohrrübe kleinschneiden und in der Pfanne anbraten. Sobald sie glasig-dunkel zu werden beginnen, kurz rühren, etwas Rotwein angießen, nicht mehr rühren und die Flüssigkeit verdampfen lassen.

Sobald das Gemüse wieder trockenbrät, erneut Rotwein angießen, kurz rühren und wieder verdampfen lassen. Dies wiederholen, bis der Wein aufgebraucht ist. Auf diese Art wird das Röstgemüse sehr braun (gut für den Geschmack und die Farbe der Soße) aber nicht trocken. Zum Schluß mit dem Rinderfond, etwas Salz und Pfeffer und einem El Gurkenwasser auffüllen und in den Schmortopf zu den Rouladen geben. Den Topf auf kleiner Flamme ca. 1½ Stunden schmoren lassen. Ab und zu evtl. etwas Flüssigkeit angießen. Nach 1½ Stunden testen, ob die Rouladen weich sind (Druckprobe mit Kochlöffel). Falls gar, aus dem Topf heben und warm stellen.

Die Soße durch ein Sieb geben, aufkochen. Einen Becher Creme fraiche (Sauermilchprodukt) einrühren.

Klingt schwierig, oder? Ist es auch, jedenfalls für mich. Aber das Ergebnis erinnert doch schon etwas an meine Oma.

Rinderschmorbraten

Ich habe oft und mit meist gutem Ergebnis „Löffellamm" zubereitet. Also dachte ich, daß man diese Garmethode vielleicht auch auf Rinderbraten anwenden könne. Man kann, und es lohnt sich.

Das Besondere an diesem Schmorbraten ist die niedrige Schmortemperatur. Dadurch wird das Fleisch so mürbe, daß man es mit dem Löffel zerteilen kann (Frikanden). Allerdings ist die Schmorzeit sehr lang. Man muß sich aber nur jede Stunde einmal für 5 min um den Braten zu kümmern.

Lammfond zum Rinderbraten zu verwenden, ist sicher ungewöhnlich. Als ich diesen Braten zum erstenmal ausprobierte, war es eine Verlegenheitslösung: ich hatte keinen anderen Fond. Das Geschmacksergebnis hat mir dann aber so gut gefallen, daß ich diese Notlösung beibehalten habe.

Zutaten:

1 kg	Rinderbraten
2 El	Butterschmalz
75 ml	saure Sahne
200 ml	Lammfond
50 ml	trockener Rotwein
30 g	Steinpilze (getrocknet) oder 600 g frische Pilze
1	Tomate
1	Zwiebel, groß
1 Tl	Selleriesalz
1 Tl	frisch gemahlener weißer Pfeffer

Zubereitung in 240 min

Backofen auf 130 °C vorheizen. Tomate enthäuten. Getrocknete Pilze 20 min in lauwarmen Wasser einweichen. Nicht zuviel Wasser nehmen, da das Wasser später dem Braten zugefügt wird. Besser ist es, später etwas Wasser nachzufüllen, falls die quellenden Pilze nicht mehr bedeckt sein sollten. Das Wasser aufheben.

Braten waschen, sorgfältig mit Küchenkrepp abtrocknen und mit Selleriesalz und frisch gemahlenem Pfeffer einreiben. Butterschmalz in einer Pfanne hoch erhitzen (Herd 100 %). Eine dicke Zwiebelscheibe einlegen und auf einer Seite schwarz werden lassen. Richtig gelesen: schwarz! Zwiebelscheibe rausnehmen und wegwerfen. Herd auf 50 % zurückschalten und den Braten rundum anbraten.

Einen Eßlöffel Butterschmalz in den Bräter geben und auf dem Herd erhitzen (Herd, 60 %). Restliche geviertelte Zwiebel und Tomate zugeben und andünsten. Mit einem Eßlöffel Rotwein ablöschen. Den Braten aus der Pfanne in den Bräter legen und einige Teelöffel saure Sahne darauf verteilen. Etwas Lammfond zugeben (der Boden des Bräters sollte deutlich mit Flüssigkeit bedeckt sein). Deckel drauf, aber zwei Fingerbreit offen lassen und Bräter in den vorgeheizten Backofen schieben.

Eine Stunde warten. Wieder saure Sahne auf dem Braten verteilen, etwas Fond dazugeben. Diese Prozedur am Ende der zweiten Stunde wiederholen.

Am Ende der dritten Stunde wieder saure Sahne auf den Braten geben und Pilze mit ihrem Einweichwasser in den Bräter geben. Deckel wieder einen breiten Spalt offen lassen. Nach weiteren 30 min Deckel abnehmen und Braten weitere 30 min offen schmoren lassen. Bräter aus dem Ofen nehmen und auf vorgeheizte Herdplatte (30 %) stellen. Backofen abschalten.

Restlichen Fond zugeben und saure Sahne einrühren. Falls die Sauce zu dünn sein sollte, Flüssigkeit durch Einkochen reduzieren.

Den Braten etwa 10 min im noch warmen Ofen ruhen lassen. Dazu passen Salzkartoffeln und Rotkohl.

Tafelspitz mit Meerrettichsauce

Als ich Tafelspitz zum ersten Mal aß, muß ich so um die 15 herum gewesen sein. Meine Mutter war bei Freunden zum Essen eingeladen und ich durfte mitgehen. Als ich aber hörte, was auf den Tisch kommen sollte, drehte sich mir der Magen um.
Ich sah einen kleinen kläffenden Hund vor mir, den man schlachten und braten würde. Meiner Mutter gelang es nur mit Mühe, mich zu beruhigen.
Später lernte ich Tafelspitz schätzen, merkte aber rasch, daß die Qualitätsunterschiede in der Zubereitung des Gerichts immens sind. Ob das folgende Rezept zu zufriedenstellenden Geschmackserlebnissen führt, wage ich nicht zu beurteilen. Mut, es auszuprobieren?

Zutaten

500 g	Rindfleisch aus dem Schwanzstück
400 ml	Rinderfond
80 g	Sellerie
½ Stg	Porree
1	Mohrrübe
1	Zwiebel, klein
1	Lorbeerblatt
½ Bd	Petersilie
1 El	Meerrettich (gerieben)
1 Tl	geriebene Semmel
100 g	Creme fraiche
	Zucker, Salz
	Pfeffer, schwarz
	Zitronensaft

Zubereitung in 120 min

Tafelspitz 1: Rinderfond in großem Topf erhitzen. Das Rindfleisch sorgfältig abspülen, in den Topf geben und aufkochen. Herdplatte zurückschalten auf 40 % & und 60 min im offenen Topf sieden lassen; eventuell abschäumen. Mit Salz und Pfeffer würzen.

Suppengrün putzen, waschen und in Streifen schneiden. Die Zwiebel schälen und in Ringe schneiden. Beides zusammen mit dem Lorbeerblatt zum Fleisch in den Topf geben. Aufkochen lassen und 80 min bei schwacher Hitze weiterköcheln.

Meerrettichsauce: Meerrettich mit geriebenen Semmeln vermischen, Creme fraiche zugeben und unter ständigem Rühren einkochen, bis eine cremige Sauce entstanden ist. Mit Salz, Zucker und eventuell etwas Zitronensaft abschmecken. Sauce warmstellen, bis das Fleisch fertig ist.

Tafelspitz 2: Nach den 80 Minuten das Fleisch aus dem Sud nehmen, in dünne Scheiben schneiden und auf vorgewärmten Tellern mit der heißen Meerrettichsauce übergießen, mit fein gehackter Petersilie bestreuen und servieren.

Dazu passen Salzkartoffeln oder Klöße (halb und halb).

Königsberger Klopse

Kapern? Igitt, welch ein ekliger Geschmack im Mund; als Kind hätte ich sie am liebsten ausgespuckt. Natürlich ging das nicht, denn die eiserne Regel: „Es wird gegessen, was auf den Tisch kommt!", kannte keine Ausnahmen. Aber an den Tellerrand schieben durfte ich sie, das ließ meine Mutter gerade noch durchgehen.

Irgendwann begann ich die komischen Klopse zu mögen. Ich glaube nicht, daß es sie in Lindow gab, denn dazu fehlten dort zwei wichtige Zutaten: Kapern und Sardellen. So waren die Klopse wohl eher ein Rezept meiner Mutter, die im West-Berlin der fünfziger Jahre solche leicht extravaganten Zutaten schon wieder bekam. Heute gehören Königsberger Klopse zu meinen Leib- und Magenspeisen: „Könnte ich jeden zweiten Tag essen!" Kein Wunder, schließlich gehören sie ja in die Familie Boulette/Frikadelle/Fleischpflanzerl. Deren Angehörige habe ich längst „zum Fressen gern".

Irgendwann gegen Ende des 18. Jahrhunderts tauchten in Königsberg auf den Tafeln wohlhabender Bürger an Sonn- und Feiertagen die „Sauren Klopse" auf. Wohlhabend mußte man schon sein, um sich von Hand geklopftes (mürbe geschlagenes) und dann fein geschabtes Fleisch leisten zu können. Der Fleischwolf wurde erst um 1850 von Karl Drais erfunden. Dazu auch noch das teure Kalbfleisch und die als mediterranes Gewürz teuer gehandelten Kapern zu verwenden, galt als purer Luxus.

Immanuel Kant hat die Klopse seinen Gästen serviert – sagt man. Irgendwann wurden sie durch Verleihung des Stadtnamens geadelt. So sollen sie dann als „Königsberger Klopse" in den deutschen Landen (Deutschland als Staat gab es damals noch nicht) von den Mamsellen (Verballhornung von Mademoiselle) verbreitet worden sein. Die Mamsellen flohen vor der Revolution aus Frankreich und verdingten sich in den deutschen Landen als Köchinnen.

Die allwissende Statistik behauptet, daß Königsberger Klopse heute das bekannteste deutsche Nationalgericht seien.

In einer weniger bekannten Variante werden sie mit Roten Beeten serviert. Weil ich Rote Beete mag, hab' ich diese kleine Extravaganz hier mit aufgenommen.

Königsberger Klopse sind eine gute Wahl für Gäste, die es mit der Pünktlichkeit nicht so genau nehmen. Ihre Zubereitung (der Klopse, nicht der Gäste) ist einfach und zeitlich gut zu planen.

Die einzelnen Bestandteile lassen sich einzeln vorbereiten und dann, nach dem Eintreffen der Gäste, in kurzer Zeit garen und zusammenführen.

Zutaten für 4 Personen

Klopse:

1000 g	Kalbshackfleisch
1	altbackene Schrippe
250 ml	Milch
60 g	Butter, gesalzen
1	Gemüsezwiebel, groß
2	Eier
½ Bd	Petersilie
1 El	Kapern (im Mörser zerdrückt)
4	Sardellenfilets (eingelegt)
2 Tl	Senf, scharf
½ Tl	Pfeffer
3	Pimentkörner, im Mörser zerrieben
1 MSp	Muskatnuss, gerieben

Brühe:

1200 ml	Kalbsfond
1	Gemüsezwiebel
1	Lorbeerblatt
3	Nelken
4	Pimentkörner
6	Pfefferkörner, schwarz

Kapernsauce

50 g	Butter, gesalzen
100 ml	Weißwein
400 ml	Brühe (siehe oben)
1	Eigelb
150 ml	Sahne
½ Tl	Zucker

1 Tl	Senf, scharf
40 g	Kapern incl. Kapernwasser
½ Tl	Pfeffer
1 Tl	Limettensaft
1 Msp	Muskat, gerieben
1 MSp	Piment

Rote Beete

400 g	gekochte rote Bete
50 ml	Himbeeressig
1	Schalotte
1 Tl	Zucker, Salz und Pfeffer (jeweils)

Zubereitung in 40 min

Klopse

Die Schrippe in der Milch einweichen und von Hand ausdrük-ken bis sie vollständig weich ist (Milch aufheben). Die Petersilie kleinhacken, die Kapern im Mörser zerdrücken und beide mit der Schrippe verkneten, bis keine Klümpchen mehr fühlbar sind.

Einen Eßlöffel Butter (ca. 25 g) in einer Pfanne bei mittlerer Temperatur (Herd 50 %) schmelzen und die kleingehackte Zwiebel glasig werden lassen.

Die vorbereitete Masse dazugeben und unter ständigem Um-drücken mit einer Gabel (evtl. etwas Milch zugeben) etwa 5 min bei mittlerer Temperatur erhitzen. Die dann homogene Masse abkühlen lassen.

Das Kalbsgehackte und die Pfannenmasse in eine große Schüssel geben. Die Sardellenfilets abspülen, mit Küchenkrepp abtrocken, so klein wie möglich schneiden und mit dem Senf, den Eiern und den Gewürzen hinzugeben und alles gut miteinander vermengen. Etwa 30 Minuten im Kühl-schrank durchziehen las-sen.

Brühe

Den Kalbsfond erhitzen. Die Zwiebel kleinhacken. Die Gewürze in einem Gewürzbeutel zusammen mit dem Zwiebelhack in den heißen Fond geben. Alles zusammen zum Sieden bringen.

Aus der Klopsmasse etwa golfballgroße Kugeln formen und die siedende Brühe geben. Dann den Herd abschalten und die Klopse bei geschlossenem Deckel etwa 10 Minuten ziehen lassen. Die Klopse herausnehmen und abgedeckt warm stellen. Die Brühe durch ein Tuch oder ein sehr feines Sieb filtern.

Kapernsauce

50 g Butter in einer Kasserolle erhitzen. Das Mehl einrühren und weiterrühren, bis es eine angenehme, hellbraune Farbe erreicht hat. Dann mit dem Wein ablöschen. Nach und nach 400 ml der Brühe (siehe oben) unter Rühren hinzugeben und aufkochen lassen. Auf etwa 150 ml reduzieren (einkochen lassen).

Die Kapern mitsamt ihrem Wasser und 150 ml Sahne hinzugeben. Jetzt nicht mehr kochen lassen.

Mit Salz, Pfeffer, Zucker, Senf, Limettensaft abschmecken. Eventuell mit Piment und Muskatnuss ergänzen (mag nicht jeder, ausprobieren).

Rote Beete

Aus Salz, Pfeffer, Zucker und Essig sowie der fein gehackten Schalotte eine Marinade verrühren. Die roten Beete in feine Würfel schneiden und bis zum Servieren in der Marinade ziehen lassen.

Königsberger Klopse anrichten:

Zu Königsberger Klopsen paßt sehr gut Kartoffelpüree: Das Püree auf einen Teller geben, die Klopse drauflegen und mit etwas Petersilie garnieren. Daneben die roten Beete anrichten. Die Kapernsauce gesondert servieren.

SCHAFE UND ZIEGEN

Schafe brauchte ich nicht zu hüten, Lindows hatten auch nur vier oder fünf. Gerade genug für die Wolle, die im Winter versponnen und dann zu Socken, Socken und nochmal Socken und auch dem einen oder anderen Pullover für die Familie verstrickt wurde.

Aber die Ziegen mußte ich hüten. Davon gab's zwar auch nur drei, aber die waren interessant. Besonders gern gingen sie mit ihren Mäulern hoch in die Akazien und fraßen die frischen Blätter. Nie haben sie sich an den harten, spitzen Stacheln verletzt. Das hab' ich immer bewundert. Ich brauchte nur aus Versehen mal in die Nähe von Akazien kommen und schon hab' ich geblutet. Wieso konnten die Ziegen mit ihren weichen Mäulern etwas, was ich nicht mal mit meiner Hand schaffte? Ich habe Ziegen immer gemocht, ihr freches Gesicht und ihr lautes, fröhliches Gemecker. Ob sie gestunken haben? Nee, nicht daß ich mich daran erinnern könnte.

Seltsamerweise kann ich mich auch nicht daran erinnern, in Lindow jemals Schafs- oder Ziegenkäse gegessen zu haben. Gab es sie nicht? Waren sie nur für den Verkauf? Keine Ahnung. Als ich sie viele Jahre später entdeckte, waren sie mir jedenfalls von Anfang an vertraut und willkommen. Bis heute sind mir Schafs- und Ziegenkäse lieber als Käse aus Kuhmilch.

An dieser Stelle sei nochmals darauf hingewiesen, daß auch in Eintöpfe nur gute Zutaten gehören! Speziell bei Lamm würde man mit fetten, sehnigen Fleischresten ein Desaster der besonderen Art erleben. Solche Reste braucht man aber durchaus nicht in den Müll zu werfen, sie können einen guten Fond ergeben.

Weil ich gerne und oft Lamm esse und fast jedesmal solch ein Verschnitt anfällt, sei hier als erstes beschrieben, wie man solchen frischen "Abfall" sinnvoll weiter verwenden kann. Das folgende Verfahren läßt sich sinngemäß in Zutaten und Mengen auch auf alle anderen Fleisch-, Fisch, sowie Gemüse"abfälle" anwenden.

Lammfond

Als Bezugsmenge habe ich 500 g "Abfall" angenommen. Für Gemüse und Lamm ist diese Menge an 'Verschnitt' realistisch. Bei Rind eher selten. Es ist aber kein Kunststück, die Mengen hoch- oder runterzurechnen.

Zutaten:

500 g	Lammreste oder -knochen
1 Tl	Zucker
1	Zwiebel
1	Scheibe Knollensellerie
1	Mohrrübe
½ Stg	Porree
½	Bund Petersilie
1 El	Tomatenmark
250 ml	Rotwein, trocken
750 ml	Gemüsebrühe
½ Tl	Pfefferkörner
1	Lorbeerblatt
1	Knoblauchzehe

Zubereitung:
Die Reste im Backofen bei 220 °C ohne Fett braun braten. Das Gemüse putzen und würfeln. Zucker in einem für alle Zutaten hinreichend großen Topf karamellisieren. Dabei zuschauen und bei leichter Bräunung den Topf sofort vom Heizfeld nehmen.

Das Gemüse dazugeben und andünsten. Tomatenmark hinzufügen. Kurz miterhitzen und mit ein paar Eßlöffeln Rotwein ablöschen und köcheln lassen, bis eine sämige Konsistenz erreicht ist.

Die "Reste" aus dem Backofen dazu geben und mit der Gemüsebrühe auffüllen. Das Kochfeld auf 20 % schalten und alles für 2 Stunden sich selbst überlassen. Dann die restlichen Gewürze (Pfeffer, Knoblauch und Lorbeer) zugeben. Den Herd abschalten und alles ziehen lassen.

Schlafen gehen. Am nächsten Morgen den Fond abseihen (durch einen Filter gießen) und in sterilem Glas zu den Vorräten stellen.

*

Lamm mit weißen Bohnen

Mit Schafen verbinden mich bleibende Erinnerungen. Das Spinnen der Wolle nach der Schur, im Winter, in Lindow. Fünf oder mehr Spinnräder. Neben jedem ein Berg gewaschener Schafswolle.

Meine Tante Marie präsidierte. Ich durfte dabei sein, natürlich mucksmäuschenstill. Während die Spindeln schnurrten und ich gebannt auf die flinken Finger starrte, die aus einem wirren Wollgewölk einen fortlaufenden Faden zwirbelten, hörte ich Geschwätz, Geschichten und Mythen. Und die hatten's in sich!

Drei Bernichen in den Fichten "hinter Lekkne". Man konnte die Glocken der versunkenen Kirche hören. An einem ganz besonderen Tag.

Die bösen Geister, die das Vieh verdarben. Watte mit spitzigen Stecknadeln nach außen in die Schlösser der Ställe gedrückt, wehrte sie ab.

Und auch das ist eine Schafs-Erinnerung:

Onkel Otto, der mich bestrafen mußte für irgendeine schwerwiegende Missetat, die ein Siebenjähriger auf einem Bauernhof begehen konnte: Ich mußte den Schafstall ausmisten. Schafe haben kleine, harte Hufe. Mit denen treten sie im Stall alles unter sich zu einer fast betonharten Masse. Mein Onkel wußte das, Augias auch. Herakles und ich wußten es nicht, lernten es aber schmerzhaft und schnell. Diese Erfahrung hab' ich bis heute mit ihm, dem Halbgott, gemeinsam. Beide haben wir einen Schafstall ausgemistet. Ohne Hilfe!

Soweit ich mich erinnere, kam in Lindow niemals das Fleisch von Jungtieren auf den Tisch. Keine Küken, keine Kälber, keine Lämmer. Damals wurden Lämmer noch großgezogen und nicht geschlachtet. Aber Hammel gab es. Meine Oma schmorte das Hammelfleisch. Das dauerte einen ganzen Tag lang (Niedertemperatur-Garen schon damals) und schmeckte wunderbar.

Fünfzehn Jahre später wurde in einer sternenklaren auf Djerba in Tunesien ebenfalls ein Hammel gebraten. Am Spieß, über offenem Feuer. Es dauerte lange und die herumsitzenden Neckermann-macht's-möglich-Touristen wurden allmählich unruhig. Schließlich wurde der Hammel für gar erklärt und das Fleisch verteilt. Es war fast kalt, zäh, fett und kaum zu kauen. Der mehr als herbe Landwein mußte als Ersatz herhalten.

Wie kann man einem Lämmchen in die großen Augen sehen und es danach aufessen? Kann man nicht! Nur weil ich diesen Augenkontakt niemals hatte, kann Lamm heute zu meinen bevorzugten Fleischsorten gehören. Gibt es überhaupt noch Hammelfleisch zu kaufen?

Kälbern dagegen bin ich im Lindower Kuhstall sehr oft begegnet. Kalbfleisch meide ich bis auf die eine Ausnahme, die Boulette, bis heute.

Und weiße Bohnen? Mochte ich schon als Kind! Aber nur die kleinen, nicht die dicken Saubohnen, die waren mir immer zu trocken, zu mehlig.

Diesen Bohneneintopf habe ich 1977 in einem Kibbuz am Toten Meer zum Abendbrot bekommen. Als ich nach dem Rezept fragte, kam die Köchin an meinen Tisch. Sie erzählte mir mit wenig Englisch und vielen Gesten, daß sie aus dem Jemen stamme und in den 50er Jahren nach Israel eingewandert sei. Diese Rezept habe sie ihrer Mutter abgeguckt. Unvergessene Stunde.

Zutaten:

500 g	Lamm
1 El	Olivenöl
1	Zwiebel, fein gehackt
170 g	Knollensellerie, klein gehackt
4 El	Knoblauch (s. Seite 109)
1 Tl	Kreuzkümmel, gemahlen
100 g	Wachtelbohnen, über Nacht in reichlich kaltem Wasser eingeweicht und abgetropft,
7	Kardamom-Kapseln, leicht zerdrückt
½ Tl	Kurkuma
2 El	Tomatenmark
1 Tl	Zucker
250 g	Kartoffeln, festkochend, in 2 cm große Würfel geschnitten
	Koriander, gehackt
	Salz, schwarzer Pfeffer

Zubereitung in 95 min

Das Öl in einer Pfanne erhitzen und die Zwiebel mit dem Sellerie 5 Minuten bei 50 % Hitze anbraten, bis sie Farbe annimmt. Die Knoblauchzehen und den Kreuzkümmel dazugeben und 2 Minuten mitbraten. Danach die Pfanne vom Herd nehmen und zur Seite stellen.

Das Lammfleisch in mundgerechte Würfel schneiden, in einen großen Topf geben und bis knapp bedeckt mit Wasser auffüllen. Bei mittlerer Hitze (50 %) aufkochen und 10 Minuten köcheln lassen. Aufsteigenden Schaum abschöpfen. Die Zwiebel-Sellerie-Mischung, die abgetropften Bohnen, Kardamom, Kurkuma, Tomatenmark und Zucker hinzufügen und das Ganze wieder zum Kochen bringen. Den Deckel auflegen und die Suppe bei niedriger Temperatur 1 Stunde köcheln lassen, bis das Fleisch weich ist.

In Würfel geschnittene Kartoffeln dazugeben, mit 1 Tl Salz und ½ Tl Pfeffer würzen, erneut zum Kochen bringen und die Suppe bei geöffnetem Topf weitere 20 Minuten köcheln lassen, bis die Kartoffeln und die Bohnen weich sind. Die Suppe sollte dick sein. Falls nötig, noch etwas einkochen lassen. Abschmecken, mit Koriander bestreuen und mit Brot und Zitronenspalten servieren.

Lammkeule

Nicht erst Napoleon, sondern schon Aristoteles war an allem schuld. So schreibt er „Über das Braten", daß man Fleisch scharf anbraten müsse, um die Poren zu verschließen, damit es saftig bleibe: „Wenn nun die äußeren Gänge sich schließen, kann die enthaltene Flüssigkeit nicht mehr ausgeschieden werden, sondern bleibt eingeschlossen". Daß diese Theorie in´s Reich der Legende gehört, kann jeder selbst beobachten: Aus dem Steak auf dem Teller läuft schon in kurzer Zeit der Fleischsaft heraus.

Dennoch muß die Pfanne sehr heiß sein. Was geschieht, wenn man ein Stück Fleisch in die Pfanne legt? Es zischt. Zuerst stark, dann schwächer. Das Wasser aus dem Fleisch verdampft im heißen Fett. Die Temperatur muß hoch sein, damit sich Röststoffe auf der Fleischoberfläche bilden können (Maillard-Reaktion) und das austretende Wasser so schnell verdampft, daß es nicht anfängt zu kochen.

Die nötige Hitze hängt vom Verhältnis zwischen Oberfläche und Volumen der Fleischstücke ab. Kompliziert? Ja! Vorlesung über organische Chemie und die Physik der Wärmegradienten in Kochbehältnissen unterschiedlicher Materialien erwünscht? Nein?

Nun gut, eine Empfehlung auf Treu und Glauben: schwere Pfannen (Guß) verwenden. Deren Wärmespeichervermögen ist so hoch, daß individuelle Besonderheiten des Gargutes kaum noch berücksichtiget werden müssen.

Zutaten:

1 kg	Lammkeule (mit Knochen, ohne Hüfte)
125 ml	Lammfond
1 Tl	Limettensaft
60 ml	Weißwein (trocken)
1	Zwiebel, groß
2	Lauchzwiebeln
½ Stg	Porree
½	Selleriescheibe
1	Mohrrübe
1 El	Knoblauch (s. Seite 109)
1 Zwg	Thymian, frisch
1 Zwg	Rosmarin, frisch
½ Tl	Tomatenmark
½ Tl	Salz
1 El	Pfeffer, schwarz, frisch gemahlen
5 El	Olivenöl
½ El	Butter (nur bei Bedarf)

Zubereitung in 160 min

Den Backofen auf 160 °C vorheizen (bei meinem Ofen dauert das ca. 6 min).

Die Keule gründlich abspülen und trockenlegen. Haut und Fett möglichst entfernen (dazu braucht man ein wirklich gutes Messer). Keule mit 2 El Öl beträufeln und das Öl einmassieren.

3 El Olivenöl im Bräter (auf dem Herd) erhitzen (50 %) und die Keule von allen Seiten ca. 5 bis 6 min goldbraun anbraten (nicht wegen der „Porenschließlegende", sondern wegen des Geschmacks). Das dauert ca. 20 min.

Gemüse und Zwiebeln grob würfeln und mit dem Knoblauch und dem Tomatenmark unter die Keule heben. Gewürzzweige zugeben und kurz anbraten. Mit Limettensaft und Weißwein ablöschen.

Alles zusammen ohne Deckel in den Ofen schieben. Nach und nach (ca. alle 20 min) den Lammfond angießen (3 Eßlöffel für die Sauce aufheben!) und den Braten mit eigenem Saft übergießen. Nach 45 min pfeffern und die Temperatur auf 180 °C verringern. Nach weiteren 45 min ist das Fleisch gar, aber innen noch rosa. Wer das nicht mag, sollte 30 min zugeben. Ofen ausschalten, die Ofentür öffnen und den Braten 15 min (jetzt Deckel drauf) ruhen lassen. Bratensatz mit etwas Lammfond oder Weißwein oder Butter loskochen. Gegebenenfalls Sauce entfetten und durch ein Sieb streichen.

Lammcurry

Zutaten:

1 kg	Lammrücken (ohne Knochen)
1	Mohrrübe
½	Scheibe Sellerie
½ Stg	Porree
400 ml	Lammfond
80 g	Creme fraiche legere
1 El	Knoblauch (s. Seite 109)
3	Zwiebeln, klein
2 El	Olivenöl
2 El	Tomatenmark
3 El	Curry (oder mehr, je nach Currysorte)
½ Tl	Mehl
½ Tl	Pfeffer, schwarz
½ Tl	Salz

Zubereitung in 90 min

Zwiebeln kleinschneiden und in großem Topf mit dem Knoblauch in Olivenöl glasig schwitzen (Herd 50 %). Das Fleisch abspülen, trocken tupfen, Fett und Sehnen gründlich entfernen, in Würfel schneiden und 8 min mitbraten. Geschnittenes Gemüse zugeben und 5 min weiter braten. Tomatenmark, Pfeffer, Salz und Curry dazurühren, mit Mehl bestäuben, umrühren und mit Lammfond auffüllen. Bei geringer Hitze (Herd 30 %) ca. 60 min köcheln lassen. Creme fraiche unterrühren und noch 10 min ziehen lassen.

Manche Speisen schmecken nach dem Aufwärmen besser als nach der frischen Zubereitung. Das gilt nicht nur für Eintöpfe und Rot- oder Grünkohl, sondern auch für Schmorgerichte, denn auch für Schmorfleisch ist Zeit ein wesentlicher Faktor. Sie alle werden erst weich und zart, wenn sich die Kollagene im Fleisch verändern.

Kollagene sind die Strukturproteine des tierischen Bindegewebes. Sie sind in Sehnen, im Knorpel und in den Faszien enthalten. Letztere haben eine sehr hohe Festigkeit. Das Fleisch braucht also bei der langsamen Zubereitung durch Schmoren vergleichsweise lange Zeit, bis sich die Kollagen-Struktur deformiert und auflöst.

Das Lammcurry also am besten einen Tag vor dem Verzehr zubereiten und dann aufwärmen.

Als Beilage eignet sich nach meinen Geschmack Reis am besten. Streut man etwas kleingehackte Petersilie drüber, sieht das nicht nur gut aus, sondern ergibt zusammen mit dem Curry einen reizvollen Geschmackskontrast.

Löffellamm

Diese Art der Zubereitung von Lamm ist Legende. Beschreibungen davon sollen schon aus dem 17. Jahrhundert überliefert worden sein.

Mir ist es zu Beginn meiner Küchenexperimente begegnet; keine Erinnerung, woher ich es hatte. Ich muß meine Familie und unsere Freunde damit ziemlich genervt haben. Irgendwann sagte mir mein Sohn im Klartext, daß das ja vielleicht eine interessante Variation sei, er aber doch Lammkeule nach alter Väter Sitte mit der Herausforderung kräftigen Zubeißens vorziehe. Diese Argument war und ist überzeugend. So gab es dann auch über viele Jahre kein Lamm zum Löffeln mehr aus meiner Küche.

Bis Freunde die alte Geschichte wieder auftaten und darauf bestanden, Löffellamm auf meinem gastlichen Tisch vorzufinden.

Das war der Legende zweiter Teil und hier ist die Beschreibung samt Manual.

Zutaten für 4 Personen:

1	Lammkeule mit Knochen
3 El	Knoblauch (s. Seite 109)
6 El	Olivenöl
1 Zw	Rosmarin
1 Bd	Suppengrün
2	Zwiebeln, rot
750 ml	Rotwein, trocken
300 g	Sahne, sauer
1 Tl	Salz
	Pfeffer, schwarz aus der Mühle
300 g	Joghurt

Zubereitung in 5 Stunden

Die Knoblauchzehen längs in Stifte schneiden. Von der Keule alle dickeren Fettschichten entfernen. Mit einem spitzen Messer etwa zwei Zentimeter tief von allen Seiten einstechen und in jedes Loch einen Knoblauchstift tief eindrücken. Das Fleisch mit 2 El Olivenöl beträufeln, mit dem Handballen einmassieren und das Salz einreiben.

Suppengrün und Zwiebeln geputzt und kleingeschnitten in einer Pfanne mit 1 El Öl leicht anrösten. Den Backofen auf 150 °C vorheizen.

3 El Öl in einem Bräter auf dem Herd so stark erhitzen (Herd 50 %), daß sich leichter Rauch bildet. Aufpassen; nur 10 Sekunden länger und das Öl wird bitter. Die vorbereitete Keule hineinlegen und von allen Seiten anbraten, bis sich die Oberfläche bräunt. Dann mit 250 ml Rotwein ablöschen. Das angeröstete Suppengrün mit Zwiebeln und dem Rosmarin-Zweig dazugeben. Vom Herd nehmen und zugedeckt in den vorgeheizten Backofen stellen.

Die Lammkeule jede Stunde wenden, dabei mit 2 EL saurer Sahne bestreichen und Rotwein dosiert dazugeben. Nach 4,5 Stunden den Deckel abnehmen, restlichen Rotwein angießen und die restliche saure Sahne dazugeben.

Nach 5 Stunden mit einem Eßlöffel probieren, ob sich das Fleisch vom Knochen lösen läßt. Bei stärkerem Widerstand noch 30 min Bratzeit mit gelegentlichem Begießen zugeben.

Die Keule aus dem Bräter nehmen, Ofenhitze auf 50 Grad zurückschalten und das Fleisch auf einem Blech im Ofen warm halten, während die Sauce zubereitet wird.

Den Bräter auf dem Herd erhitzen und, falls notwendig, etwas kochendes Wasser zugeben um den Bratensatz von den Wänden und dem Boden abschaben und aufkochen zu lassen. Alles durch ein Sieb gießen, den Rückstand gut ausdrücken. Falls nötig überschüssiges Fett von der Sauce abschöpfen und verwerfen.

Keule im Stück servieren und am Tisch ohne Messer mit einem großen Löffel zerlegen. Die Fleischbissen sind jetzt (hoffentlich) butterweich.

Dazu passen Bratkartoffeln, am besten in Öl mit Knoblauch gebraten, und grüne Bohnen. Statt der Kartoffeln geht auch Ciabatta.

ESSBARES AUS DEM STALL

In Lindow begegnete man den Tieren von den Pferden bis zu den Hühnern mit abgestuftem Respekt.

Schweine sind in meinen Kindheits-Erinnerungen die underdogs unter den Tieren: Im Schweinestall stinkt's. Die Säue wälzten sich im eigenen Dreck. Auch die letzten Küchenabfälle sind immer noch gut genug für die Schweine („Schweinefraß"). Die Säue fressen ihre eigenen Ferkel. Schwein ist eben Schwein. Das war meine Wahrnehmung von Schweinen in meinen frühen Jahren.

Tierquälerei habe ich auf dem Dorf niemals erlebt. Kam sie vor, wurde sie unmittelbar geahndet. Als ich, 9 Jahre jung, probeweise die Hauskatze an den neuen, geheimnisvollen Elektrozaun hielt, um dessen rätselhafte Wirkung zu erproben, zog sie mir spontan die Krallen über den Handrücken. Ich lief mit blutender Hand zu meiner Tante. „Du Armer!". Als ich ihr naiv erzählte, was die Ursache dafür war, bekam ich erst links und dann rechts eine gescheuert. „Das ist für die Katze!" Das Pflaster pappte sie mir dann rauh und kommentarlos auf die Krallenfurchen (deren eine heute, nach fast 70 Jahren, immer noch erkennbar ist).

Schweinebraten

Ja, ich weiß! Bei dem Wort Schweinebraten denken viele an Väterchen Franz und seinen „Kleinstadt- Sonntag". Geht mir auch so. Immer wieder. Dennoch mag ich Schweinebraten. Hin und wieder. Dann aber sehr.

Zubehör: Römertopf

Zutaten:

1,5 kg		Schweinebraten mit Schwarte
2		große, feste Tomaten
2		Zwiebeln, groß
1	Stg	Porree
		Semmelbrösel
		Kümmel
		Wacholderbeeren
1		Lorbeerblatt
1	Tl	Zucker
1	Tl	Salz
2	El	Butter

Zubereitung:
Schwarte kreuzförmig einschneiden, in die Kreuzungspunkte Wacholderbeeren stecken. Salzen, mit Kümmel und Semmelbröseln bestreuen. Tomaten häuten und vierteln, Zwiebeln vierteln. Porreestange (nur die weißen Teile verwenden) kleinschneiden.

Vorbereiteten Schweinebraten, Tomaten, Zwiebeln, Porree, Lorbeerblatt, Butter in den Römertopf geben. Deckel drauf.

Backofen auf 220 °C (Umluft) einstellen. Nach ca. 105 min Garzeit den Deckel abnehmen, pfeffern und die Schwarte mit Zucker bestreuen. Weitere 10 bis 15 Minuten ohne Deckel bei starker Oberhitze garen (Sichtprobe!).

RESTE UND REISEN

All das, was sich nicht einordnen läßt, landet schließlich im Schubfach „Sonstiges". Das liest natürlich niemand.

Was aber, wenn eben das, was sich nicht zuordnen läßt, was sich jeder Klassifizierung entzieht, das eigentlich Spannende, das Ungewöhnliche ist?

Erst beim Schreiben dieses Buches wurde mir bewußt, daß es in vielen Ländern Rezepte gibt, die sich alle in einem gleichen: einem hohen Maß an unbewußter Verwertungs-Verantwortung. Ich war Kind in einer Zeit, in der man Lebensmittel nicht wegwarf. Dafür waren sie viel zu knapp und daher kostbar.

Restegerichte sind sicher häufig zusammengemanscht aus dem, was an Resten oder gar Abfällen eben noch da ist; alles in einen Topf geworfen, heiß gemacht, umgerührt und runter mit dem Zeug.

Dennoch haben es viele Restegerichte geschafft, zu nationalen, sogar internationalen Berühmtheiten zu werden. Pizza und Paella, Bouillabaise und Ratatouille gehören dazu.

Vom Marzipan, dessen Erfindung sich die Lübecker rühmen, berichtet die Legende, daß während einer Belagerung der Stadt eine Hungersnot dadurch vermieden wurde, daß man Zucker und Mandeln zusammenmanschte.

In diesem Kapitel finden sich Erinnerungen an Reisen, an Begegnungen und an Orte mit eigenem "Geschmack". Überraschend in der Rückschau war es, wie viele Restegerichte und mit ihnen verbundene Begegnungen zusammenkamen. Vielleicht hat das etwas mit meiner Art zu reisen zu tun. Es gibt nur wenige 'exotische' Gerichte, die ich nicht probierte.

Die asiatische Küche mochte ich schon, bevor ich sie in ihrem eigenen Umfeld kennenlernte. Doch was ich dann in China und Japan zu essen bekam, hatte kaum etwas mit dem gemein, was ich in Berlin und Köln als typisch asiatisch vorgesetzt bekommen hatte. Es war ganz anders und viel, viel besser.

Anfangs war der erste Bissen für mich ein Problem, denn anders als von zu Hause gewohnt, war jedes Gericht ein optisch kunstvolles Arrangement auf dem Teller. Dessen Zerstörung durch den ersten Zugriff der Stäbchen scheute ich.

Meine chinesischen Kollegen freuten sich über mein Zögern: "Nur zu! Das ist hier so üblich. Aber Ihre Achtung freut den Koch!" Das Essen mit Stäbchen empfand ich schon nach wenigen Tagen als viel mundsympathischer als das harte und kalte Metall, das ich bislang gewohnt war.

Die Küche Asiens ist nicht nur leicht, gut bekömmlich und sehr vielfältig, sondern sie macht auch optisch großen Spaß.

"Chinesisch garen" ist eine schnelle Angelegenheit. Brennmaterial gab es im alten China nur wenig und das Wenige war teuer. In der Steppe verwendete man häufig getrockneten Dung. "Kochen, solange ein Bündel Reisig brennt!", lautete dazu die freundlichere Umschreibung. Dies ist auch die Ursache dafür, daß die chinesische Küche vorzugsweise Kleingeschnittenes verwendet, denn das gart schneller als größere Teile. Außerdem behält es seinen Eigengeschmack und seine Vitamine besser.

Manche Zutaten sind für uns ungewöhnlich. In Südchina (Guandong, im Westen Kanton genannt) kennt man das Sprichwort „Jedes Tier, dessen Rücken zur Sonne zeigt, ist eßbar." Da ich nie in Guandong war, kam ich auch nicht in die Verlegenheit, Gerichte mit Schlangen, Insekten, Würmern oder auch Hunden essen zu müssen.

Mir ist nie übel geworden, wenn ich erfuhr, welch' ungewöhnliche Zutat ich eben gegessen hatte. Weshalb auch? Meist konnte man schon auf dem Teller oder in der Schüssel erkennen, was angeboten wurde. In Kuala Lumpur gibt's ein Unzahl von Garküchen an den Straßenrändern. Ein Mann, ein Klapptisch, ein Holzkohlegrill. Der Duft war verführerisch, das Fleisch ein Genuß. Es war Schlange.

Als ich von japanischen Kollegen in ein kleines feines Privatrestaurant in Tokyo eingeladen wurde, hatte ich insgeheim auf Fugu (Kugelfisch) gehofft. Bis Ende der 50er Jahre gab es in Japan in jedem Jahr um die 100 Todesfälle durch Fugu-Vergiftung. Offensichtlich war ich damals noch sehr risikobereit und abenteuerlustig.

Fugu gab es leider nicht. Dafür, als Hors d'œuvre, eine Fischsuppe in kleinen Schüsseln mit Deckeln. Hinter jedem von uns dreien hatte sich ein Ober aufgebaut und auf einen leisen Summton des Ober-Obers hoben alle drei zeitsynchron die Deckel von den Schüsselchen. Drei große Fischaugen glotzten mich an - und ich schaute meine Kollegen an. Sie schauten zurück, neutral ihr Gesichtsausdruck. Dann erwiesen sie sich als sehr kollegial. Mit leicht gekreuzten Stäbchen hoben sie ein Auge aus ihren Schüsselchen, beförderten es in den Mund, verdrehten verzückt die Augen und bissen zu. Danach hoben sie die Schüsseln und schlürften einen großen Schluck der Fischbrühe.

Das konnte ich auch. Mit einem kleinen Unterschied: Aus gesundheitlichen Gründen mußte ich eine Zeitlang großvolumige Kapseln schlucken, ohne sie zerdrücken oder zerbeißen zu dürfen. Das ist nicht einfach, aber erlernbar.

Mit dieser Fähigkeit begabt, schluckte ich die Fischaugen unzerkaut und verdrehte ebenfalls verzückt die Augen. Ich weiß bis heute nicht, wie Fischaugen schmecken und ob mich die japanischen Kollegen durchschaut haben.

Jeder Mensch wird durch den Kulturkreis, in dem er lebt, geprägt. Neben dem eigenen gibt es viele andere, mit völlig anderen Regeln und Gewohnheiten. Sie alle zusammen bilden die Gesamtheit der Menschheit auf diesem Planeten. Niemand ist besser oder schlechter als der andere — nur eben anders.

Wan Tan - Suppe

Ich mag Eintöpfe, mag Suppen. Der Wan Tan-Suppe bin sehr früh begegnet, irgendwann in meinen Zwanzigern. Seitdem bin ich ihr Fan und teste mit ihrer Bestellung jedes Asia-Restaurant. Schmeckt sie seifig-dumpf, kommt sie aus der Konserve und das Restaurant ist gestrichen.

Wan Tans selbst zuzubereiten, ist eine große Herausforderung. Ich hab' mich ihr mehrmals gestellt. Die Ergebnisse waren immer unbefriedigend. Seitdem kaufe ich sie tiefgefroren im Asia-Markt.

Das folgende Rezept hat mir eine alte chinesische Köchin in einem Kölner China-Restaurant verraten. Ich war der einzige Gast, sie kannte mich von früheren Besuchen und fragte, ob ich ihr ein Schreiben der Kölner Verwaltung erklären könne. Ich konnte. Danach hatten wir eine längere Unterhaltung über Chinesen in Deutschland und Deutsche in China.

Irgendwann erwähnte ich auch meine Vorliebe für Wan Tan - Suppe. Unter dem Siegel strengster Verschwiegenheit erzählte sie mir, wie eine originale Wan Tan-Suppe zubereitet wird. Natürlich halte ich mich an mein Verschwiegenheits-Versprechen. Dieses Buch wird ja niemand lesen. Meine eigenen Versuche befinden sich immer noch in der experimentellen Phase

Zutaten:
Brathähnchen für die Brühe
Knochen (Rippchen)
junge Zwiebeln
Staudensellerie
Ingwer
Sesamöl
MONDAMIN-Mehl (kein Weizenmehl)
trockener Weißwein
Salz

Pfeffer
evtl. Hummerkrabben
Wan Tan-Teigplättchen (gibt´s in Asia-Läden fertig zu kaufen)

Zubereitung:

Einen Teil des Hähnchenfleisches oder die Hummerkrabben sehr fein hacken. Salzen und pfeffern. Fleischmasse auf Wan Tan-Plättchen legen. Diese an zwei Seiten anfeuchten (mit Eiweiß?) und zum Dreieck falten. Reichlich Wasser zum Kochen bringen, die Wan Tan dazu geben und aufkochen lassen.

Jetzt wird´s pfiffig. Das Folgende stünde in keinem Wan Tan-Rezept, raunte mir die Chinesin zu: Man gebe einen kräftigen Schuß kaltes Wasser zu und lasse die Suppe nochmals kurz aufkochen. Dann nochmals Wasser rein und wieder aufkochen lassen. Wozu diese Prozedur gut ist, weiß ich nicht. Auf den Geschmack hat es wahrscheinlich keinen Einfluß. Eher wohl auf die Konsistenz der Taschen (Biß?). Jedenfalls haben die von der Chinesin selbst zubereiteten Wan Tans wunderbar geschmeckt.

parallel:

Brathähnchen kochen und die Hühnerbrühe klären. Das Klären ist unverzichtbar (siehe Seite 162 f). Trübe oder fettige Wan Tan-Suppe sieht nicht nur unappetitlich aus, sie schmeckt schmierig.

Sehr kleingeschnittene junge Zwiebeln, Staudensellerie, Salz und Pfeffer in einen Topf geben und die Hühnerbrühe zugeben. Kurz aufkochen lassen. Dann ein paar Tropfen Sesamöl zugeben. Wan Tan in eine Schüssel geben und mit der fertigen Brühe übergießen.

Anmerkungen: meine Notizen enthalten keinen Hinweis, was mit dem Wein, dem Ingwer, den Knochen und dem Mehl zu geschehen hat. Außerdem drängt sich die Frage auf, woher die traditionellen chinesischen Köche MONDAMIN-Mehl kannten.

Für Notfälle (akute Anfälle von Wan Tan Suppen-Sucht) habe ich immer eine Tüte mit "Won Ton Soup Base Mix" aus dem Asia-Laden im Küchenschrank.

✳

Miso-Suppe

Fischsuppen mag ich sehr gern, aber nicht unbedingt zum Frühstück. Wenn aber alle Nachbarn am Frühstücks Buffet zur Suppenschale greifen, sollte man das zumindest mal probieren. Schon nach zwei Tagen war ich aus Überzeugung von „continental" auf „traditional Japanese" umgestiegen. Natürlich nicht im „Münchener Hof" sondern in einem Konferenzhotel in Tokyo.

Wie viele andere japanische Suppen, wird auch diese mit Stäbchen gegessen. Natürlich nur ihre festen Bestandteile. Die Brühe darf man dann mehr oder weniger deutlich hörbar schlürfen.

Zutaten:

400 ml	Fisch-Fond
100 g	Tofu, in kleinen Würfeln
6	Shiitake-Pilze (trocken), in feine Streifen geschnitten
2	Frühlingszwiebeln, in Ringe geschnitten
100 g	Lachsfilet
1	Ei, verquirlt
2 Tl	Miso-Gewürzpaste, hell
100 g	Nudeln, japanische (Udon, Soba) gegart, zerkleinert
3 Bl	Wakame (Braunalgen), getrocknet
	Sojasauce
1 Tl	Schnittlauch

Zubereitung in 20 min

Fischfond in einem größeren Topf erhitzen. Tofuwürfel und Shiitake-Streifen (das Zerschneiden geht am besten mit der Schere) dazugeben und ca. 10 Minuten offen kochen lassen.

Zwiebelringe dazugeben und weitere 5 Minuten köcheln lassen.

Lachsfilet in kurze Streifen schneiden und mit verquirltem Ei dazugeben. 2-3 Minuten garen lassen. Misopaste mit etwas Suppe glattrühren und dazugeben. Gegarte Nudeln und zerkrümelte Wakame-Blätter ebenfalls in die Suppe geben. Alles noch einmal aufkochen lassen. Mit Soja -Sauce abschmecken und mit Schnittlauch bestreut servieren.

Bouillabaisse

Kurz vor zehn Uhr war ich am Flughafen Marseille-Marignane. Mein Flieger nach Frankfurt sollte um 10:45 Uhr starten. „Wegen technischer Schwierigkeiten mit der Klimaanlage wird sich die Abflugzeit um mindestens fünf Stunden verzögern". Mehr hatte das große Info-Tableau nicht zu vermelden und mehr wußte auch die nette Dame am Schalter der Air France nicht zu sagen. Also hatte ich fast sechs Stunden Zeit. Vielleicht reichte das, um mir einen Jugendwunsch zu erfüllen.

Der Bus brauchte eine halbe Stunde bis zum Alten Hafen, das Taxi wäre nur um fünf Minuten schneller, dafür aber 15mal teurer gewesen. Am Hafen würde ich sicher eine Fähre oder ein Boot finden, um zum Chateau d'If überzusetzen. Ich wollte unbedingt das Gefängnis sehen, in dem aus Edmond Dantes der Graf von Monte Christo wurde.

Pustekuchen! Für die Touristen-Fähre brauchte man das Tikket eines Reiseveranstalters, und um eine Schwarzfahrt zu organisieren, reichten weder meine Französisch-Kenntnisse noch meine Zeit und wahrscheinlich auch nicht meine Barschaft.

Häfen sind faszinierend, keiner gleicht dem anderen und doch sind alle ähnlich. Es war das Jahr 1988 und was mir sofort auffiel, war die große Zahl von ‚coulered people'. Französische Algerier? Der Algerienkrieg lag 26 Jahre zurück. So viele französische Algerier immer noch in Marseille?

So wenige in die 5. Republik integriert? Ich lief und guckte. Drei Stunden lang. Dann waren die Beine müde und die Füße taten weh von Pflastertreten. Ich hatte Durst und Hunger, denn wie meistens, hatte ich auch an diesem Tag nicht gefrühstückt.

Gab es nicht ein Gericht, das für Marseille und seinen Hafen etwa die Bedeutung hatte, wie die berühmte Soupe à l'oignon für Les Halles in Paris? Die Schiefertafel vor der kleinen Hafenkneipe halfen dem müden Kopf auf die Sprünge: „Ici la bouillabaisse traditionelle" oder so ähnlich.

Etwas abseits am schmalen Kai drei Tische am Wasser. An einem der äußeren zwei Hafenarbeiter, schwarz. Eine alte Dame – in schwarz – an dem anderen. Der mittlere Tisch war frei und wurde meiner. Es tat gut, sich zu setzen.

War es meine Müdigkeit, war es die Umgebung oder meine Phantasie, die diese Suppe an diesem Ort für mich zu etwas Besonderem machte? Oder war mir wirklich etwas Besonderes begegnet?

Der Geschmack blieb in Erinnerung. Wiederholungen in deutschen Restaurants enttäuschten. Dann doch lieber selbst probieren. Viele Versuche, allesamt gut genießbar. Doch keine der selbst gekochten Suppen schmeckte so, wie die an einem frühen Nachmittag am Alten Hafen in Marseille gegessene.

Die Bouillabaisse ist ein provenzalisches Fischgericht. Es wurde ursprünglich von den Fischern in Marseille aus den nicht verkauften Fischen des Tages zubereitet. Die Bouillabaisse ist eines dieser typischen und berühmten Restegerichte, deren ungewöhnliche Vielfalt sich zwanglos aus den fast unendlichen Variationsmöglichkeiten von Resten und deren regionalen Besonderheiten erklärt.

In vielen Bouillabaisse-Rezepten finden sich Fischabfälle (Köpfe, Flossen) als Bestandteil. Ein Igittigitt dazu ist unangemessen. Gemeint sind auch nicht verdorbene Abfälle, sondern gemeinhin ungenutzte Teile des frischen Fischs. Mich erinnert dies sehr an das römische ‚garum‘. Ob es aus einer Garküche in der Subura Roms stammte oder bei den Tafelorgien des Lucullus serviert wurde, es gehörte einfach zu jedem römischen Essen (denkt dabei jemand an ‚Ketchup‘ und die USA?) und bestand aus Fischabfällen im obigen Sinne.

In Xanten gibt es das sehens- und besuchenswerte Freiluftmuseum einer römischen Stadt. Im Amphitheater kann man sich über altrömische Komödien in lateinischer Sprache amüsieren und man kann dort auch original-römisch speisen. Auch Garum steht zur Verfügung. Ich hab's probiert. Und werde das nie wieder tun! Aber: viele Millionen Römer liebten ‚garum‘! De gustibus non est disputandum.

Hier der gegenwärtige Stand meiner vielen Versuche, den Geschmack der Bouillabaise aus ferner Zeit wiederzufinden.

Zubehör: hohe Gußeisen-Pfanne (natürlich geht auch ein großer Topf)

Zutaten für 4 Personen:

1200	g	Fischfilet gemischt und ohne Haut (z.B. Steinbutt, Kabeljau, Rotbars, Heilbutt, Seezunge oder Schellfisch)
400	g	Garnelen (geschält, entdarmt)
400	g	Fruit de Mer
400	ml	Fischfond
1	Stg	Porree, nur weiße Teile
1		Paprika, rot
1		Gemüsezwiebel

2 El	Knoblauch, frisch (s. Seite 117)
½ Tl	je: Thymian, Oregano und Bohnenkraut
½ Tl	Safranfäden
3 El	Olivenöl
2 El	Weißwein
1	Lorbeerblatt
1 Tl	Salz
2 Tl	Zucker, braun
½ Tl	Pfeffer, frisch gemahlenen
200 g	Tomaten, gehackt (Büchse)

Zubereitung in ca. 45 min

Die Zubereitung besteht aus zwei Teilen, der Vorbereitung des Suds und dem Garen des Fisches bzw. der Meeresfrüchte in dem Sud. Entscheidend ist die Einhaltung der Zeiten beim Garen der Fischstücke. Eine Minute zu lange und man bekommt ein Fischgemansche.

Sud:

Von der Porreestange nur den weißen Teil verwenden (den grünen Teil für andere Verwendung aufheben) und quer in feine Streifen schneiden.

Die Zwiebel und die Knoblauchzehen klein hacken, Paprika säubern und in mundgerechte Stücke schneiden. Safranfäden mit einer Messerspitze Salz im Mörser zerreiben und mit 2 El kochenden Wassers übergießen.

Olivenöl in einer gußeisernen, hohen Pfanne erhitzen (Herd 50 %). Zwiebeln, Porree, Knoblauch, Lorbeerblatt und Kräutermischung zufügen und abgedeckt 15 min dünsten (beobachten, hin und wieder umrühren und evtl. Temperatur reduzieren). Wein, Paprika und die gehackten Tomaten aus der Büchse zugeben und 7 min weitergaren. Garnelen, Fruit de Mer, Fischfond, Zucker und Safran (aus dem Mörser) zufügen. Ohne Deckel 10 min köcheln lassen.

In der Zwischenzeit alle Fischstücke abspülen, trocken tupfen und in mundgerechte Stücke schneiden.

Nun zuerst die festfleischigen Fischstücke (Steinbutt, Kabeljau, Rotbars, Heilbutt) dazugeben und bei schwacher Hitze ohne
Deckel weitere 3 min köcheln lassen, dann mit den zartfleischi-
gen (Seezungen, Schellfisch) nochmals 3 min köcheln lassen.
Herd abschalten, Pfanne non der heißen Platte nehmen (nicht
ziehen! Das mag das Ceran-Feld nicht). Bouillabaisse mit Salz
und Pfeffer abschmecken.

Dazu passen mit Olivenöl beträufelte und in der Pfanne oder
dem Backofen geröstete Ciabatta-Scheiben.

*

Chili con carne

Chili con carne steht für mich direkt neben Gulasch. Die Ungarn mögen mir verzeihen. Jedenfalls habe ich mit diesen Bohnen eine eindrucksvolle Demonstration der Wirkungsweise von
Ignoranz und Empirie erlebt:

Eine größere Einladung war erfolgt: das halbe Institut inklusive
weiblicher Begleitung. Geplant war, na klar ....

Ein paar Kilo Bohnen hatte ich am Morgen des Freßtages ein-
gekauft und mit in's Institut genommen. Mein ebenfalls eingela-
dener Kommilitone aus dem Nachbar-Labor, der Küchenerfah-
rung hatte, meinte, daß das so ja wohl nicht ginge. Die Bohnen
müßten über Nacht eingeweicht werden. Was heißt schon über
Nacht dachte ich, 10 Stunden werden's ja wohl auch tun. Also
ein paar Bechergläser besorgt, Bohnen rein und Wasser drauf.

Tja, und dann ging´s los! Die Bohnen quollen ... mehr Bechergläser mußten her ... sie quollen weiter ... keine Bechergläser
mehr da. Umfüllen in einen kleinen (sauberen) Plastikeimer. Es
ging mir, wie dem Zauberlehrling mit dem Griesbrei: die Bohnen
quollen weiter. Schließlich war auch der zweite Eimer gefüllt und

ich fuhr abends mit zwei Eimern voller Bohnen vom Institut nach Hause. Es wurde ein fröhlicher Abend!

Zutaten für 8 Personen:

2 kg	Rinderbeinscheiben
100 g	Schinkenspeck
2	Zwiebeln, groß
2 El	Knoblauch (s. Seite 117)
100 g	Sellerieknolle
½ El	Kreuzkümmel
500 g	rote Kidney-Bohnen
2	Paprikaschoten (grün, gelb)
2 El	Olivenöl
1 El	Mehl
800 ml	Rinderfond
2 El	Tomatenmark
3 Tl	Chilipulver (oder weniger!)
200 ml	Coca-Cola
300 ml	dunkles Bier
600 g	Tomaten, gehackt (Dose)
	Salz, Pfeffer
	Petersilie, Majoran, Koriander, Oregano
1 Tl	Worchestersauce

Zubereitung in 180 min

Rinderbeinscheiben salzen und in Olivenöl von beiden Seite bei mittlerer Temperatur (Herd 50 %) auf beiden Seiten anschmoren (leicht braun werden lassen). Fleisch rausnehmen, von Knochen, Sehnen und Fettresten befreien, mit Mehl bestäuben und beiseite stellen.

Schinkenspeck in Würfel schneiden. Zwiebeln würfeln, Sellerie in kleine Würfel schneiden. Speck in der Pfanne auslassen, Knoblauch, dann Zwiebeln dazugeben und leicht anbräunen. Sellerie dazugeben und andünsten.

Das Ganze zurück in den Schmortopf. Fleisch dazugeben und alles noch mal hoch erhitzen. Mit Coca-Cola und Bier ablöschen (jeweils die halbe Flasche) und einkochen lassen. Tomatenmark, Chilipulver und Kreuzkümmel zugeben, umrühren, den Rest Coca-Cola und Bier zugeben und noch mal einkochen lassen. Tomaten dazugeben und mit Rinderbrühe auffüllen. Ca. 2 Stunden köcheln lassen. Die gewürfelten Paprikaschoten und die Kidney-Bohnen zugeben, pfeffern und weitere ca. 20 min ziehen lassen. Eventuell noch mit Oregano und Worchestersauce nachwürzen.

Serbisches Reisfleisch

Dieses Gericht hat meine Mutter in Zeiten zubereitet, in denen wir es nicht "dicke" hatten. Auch die Zutaten waren gewiß nicht von der teuersten Sorte. Dennoch war das Essen jedesmal ein Erlebnis.

Das Rezept ist leider nicht dokumentiert. Oft habe ich versucht, es nachzukochen. Was dabei herauskam, war zwar mehr oder auch weniger schmackhaft, doch nie so, wie ich es in Erinnerung hatte. Überhaupt habe ich den Eindruck, daß der Mensch ein ganz erstaunliches geschmackliches und auch geruchliches Erinnerungsvermögen hat. Ich hatte durch Geschmacks- oder Geruchseindrücke schon oft Assoziationen lang zurückliegender Erlebnisse.

Wie auch immer: der Weg zu diesem Rezept war lang und mühsam. Was der Hobbykoch im privaten Haushalt zubereitet, muß auch gegessen werden. Wer aber ißt schon gerne jede Woche Versuche zu serbischem Reisfleisch?

Aus einer kreativen Synopse aller möglicher Zutaten und Zubereitungsarten aus diversen Kochbüchern entstand in vielen

Versuchen das nachfolgende Rezept. Die hier angegebenen Zutaten überschreiten ganz sicher die Möglichkeiten, die meine Mutter damals hatte. Das Ergebnis entspricht zumindest annähernd dem Geschmack meiner Erinnerung.

Zutaten:

200 g	Kalb-, Schweine- oder Lammfleisch
75 g	durchwachsenen Speck
1 Tl	Olivenöl
1 Tl	Butter
100 g	saure Sahne
100 ml	Fleischfond
1	Zwiebel, groß
½	grüne und rote Paprikaschote, je
200 g	gehackte Tomaten (aus der Büchse)
1 Tl	Knoblauch (s. Seite 117)
1	Mohrrübe
½	Gewürzgurke
1 Tl	getrocknete Steinpilze
½ Bd	Petersilie, krause
100 g	Basmati-Reis
	Salz, Pfeffer, Paprika (edelsüß/Rosen gemischt)

Zubereitung in 70 min

Fleisch in Würfel schneiden. Speck in hohem Bräter mit Öl auslassen (Herd 100 %). Auf 50 % runterschalten und das Fleisch rundum anbraten, rausnehmen und beiseite stellen.

Steinpilze einweichen, Mohrrüben und Paprika putzen und in dünne Scheiben schneiden. Fond erhitzen und Paprika 2 min im Fond blanchieren. Paprika rausnehmen und beiseite stellen. Möhren in den Fond geben und 10 min köcheln lassen.

Den Backofen vorheizen (Umluft, 175 °C). Butter in die Pfanne (Herd 40 %) geben und kleingeschnittene Zwiebel und Knoblauch dazugeben. Zwiebeln goldgelb dünsten. Paprika in Pfanne geben und 3 Minuten mitdünsten lassen. Dann Mohrrüben aus Fond heben und zugeben. Tomaten zugeben, alles umrühren und 5 min köcheln lassen. Salz, Pfeffer, Paprikagewürz, in Stücke geschnittene Gewürzgurke, Pilze, Reis, Fleisch und saure Sahne zugeben. Fond aufgießen. Alles gründlich umrühren. Deckel auf den Bräter und in den Ofen schieben: 30 min.

Mit gehackter Petersilie heiß servieren

*

Borschtsch

Der eiserne Vorhang war noch nicht emporgezogen, doch die Wissenschafts-Kooperationen zwischen der Bundesrepublik Deutschland der Sowjetunion funktionierten schon recht gut. So reiste ich also häufig nach Moskau und in andere Hauptstädte des ‚Ostblocks‘.

Auf allen Speisekarten der unterschiedlichen Restaurants, in die ich kam, fanden sich u.a. zwei Gerichte: Borschtsch und Soljanka.

Als geborener Eintopf-„Fan" hab' ich mir fast jedesmal Borschtsch bestellt (Soljanka eher selten). Meine Gastgeber hat das sichtlich gefreut und es gab kaum einen, der mir nicht eine Geschichte, eine Anekdote über seine Mutter/Großmutter und deren spezielles Geheimrezept für Borschtsch erzählte. Es muß tausende unterschiedlicher Borschtsch-Rezepte geben, wobei die Unterschiede aber offensichtlich nur in der einen oder anderen Neben-Zutat bestehen.

Das nachfolgende Rezept habe ich von einer sowjetischen Kollegin bekommen. Viele Jahre lang verstaubte ihr Zettel in irgendeinem der vielen „irgendwann"-Stapel. Die vielen Zutaten und die

sehr differenzierte Zubereitungsart schienen mir für mein dilet-
tantisches Kochen zu kompliziert.

Dann aber gab es Anlaß, für eine aus Rußland stammende
Freundin und deren Mann zu kochen. Ich erinnerte mich an das
alte Rezept, suchte, kramte, fand und kochte. Beide Probeesser
waren vom Ergebnis dieses ersten Versuchs derart angetan, daß
ich an diesem Rezept von einer Russin für eine Russin nichts
mehr änderte.

Zutaten: keine Konserven, nichts Tiefgefrorenes

200 g	Rote Beete
1	Zwiebel; rot, klein
1	Mohrrübe, klein
1	Kartoffel, klein
½ Stg	Sellerie
½ Stg	Lauch
½	Kopf Weißkohl, klein
1 Tl	Knoblauch (s. Seite 109)
20 g	Butter, gesalzen
1	Lorbeerblatt
½ Tl	Piment (gemahlen)
400 ml	Gemüsefond
1 El	Balsam-Essig

Zubereitung in 60 min

Zwiebeln in feine Streifen schneiden. Rote Beete, Mohrrüben
und Kartoffeln schälen und würfeln. Sellerie und Lauch in Scheiben schneiden.

Zwiebeln mit Butter unter Rühren ca. 5 min bei ca. 30 % anschwitzen. Danach das Gemüse, das Lorbeerblatt und Piment
hinzufügen. Weitere 5 min unter permanentem Rühren dünsten.
Dann die Gemüsebrühe dazu gießen, aufkochen und etwa 20 min
köcheln lassen.

Weißkohl hinzugeben und weitere 20 min köcheln lassen. Hin und wieder Wasserstand kontrollieren: Die Suppe sollte immer knapp bedeckt sein. Falls nötig, mit kochendem Wasser auffüllen. Zum Schluß den Essig hinzufügen.

Gazpacho

Gazpacho (arab.=Brot) war eine Spezialität der Mauren in al-Andalus. Das Gericht bestand ursprünglich nur aus Brot und weißem Knoblauch. Erst nach der Entdeckung Amerikas im Schicksalsjahr 1492 wurden irgendwann auch Tomaten und Paprika verwendet und aus dem Knoblauchbrot wurde eine kalte Gemüsesuppe. Zu dieser Zeit waren die Mauren aber längst aus Spanien vertrieben. Auf seiner Flucht vor den christlichen Heeren nach Nord-Afrika weinte der letzte Herrscher von Granada bittere Tränen. Diese Tränen hätte Europa weinen müssen! Welch' ein Verlust an Toleranz, an Kultur und Wissenschaft für Europa!

Gazpacho ist eine Sommersuppe: äußerst erfrischend und wohlschmeckend. Aber auch als Vorspeise für ein kräftiges Steak ist sie gut geeignet. Sie ist schnell und völlig problemlos zubereitet. Nur gut gekühlt servieren!

Zubehör: Pürierstab

Zutaten:

400 ml		gehackte Tomaten (Büchse)
1		grüne Gurke
½		Paprikaschote, rot und grün, je
½	Bd	Frühlingszwiebeln
1	Tl	Knoblauch (s. Seite 117)

1 El	Olivenöl bester Qualität!
1 Tl	Essig (aceto balsamico)
1 Tl	Salz
½ Tl	Pfeffer, schwarz aus der Mühle
250 ml	Gemüsesaft

Zubereitung in 30 min

Die Gurke schälen, längs aufschneiden und entkernen; etwa 2/3 davonkleinschneiden. Paprika und Zwiebeln kleinschneiden. Knoblauch, Gemüsesaft, Öl, Essig, Salz und Pfeffer dazugeben. Alles pürrieren.

Restliches Drittel der Gurke kleinschneiden und mit den Tomaten dazugeben (dadurch erhält die Suppe etwas "Biß"). In den Kühlschrank stellen. Wer beweisen möchte, wie kalt die Suppe ist, tut einen Eiswürfel mit rein; ich halte das für ein unnötige Spielerei. Dazu paßt Ciabatta in Olivenöl geröstet.

Ultimative Anti-Fett-Suppe

Ich war 182 cm lang und wog 99 kg. Oh je!

Ein Freund schickte mir das folgende Rezept. Ich hab's befolgt und ein paar Wochen ausschließlich von dieser Gemüsesuppe gelebt. Vorher hatte ich einen Internisten befragt, ob und wie und überhaupt ... er nickte dieses Ernährungskonzept für ein paar Wochen ab.

Als die Waage 77 kg anzeigte, kochte ich mir eine Kartoffelsuppe. Hier ist das Rezept zum Abnehmen. Ich mag diese Suppe immer noch, auch normalgewichtig, sie ist gesund und schmeckt ausgezeichnet.

Zutaten:

1	Wirsingkohl, klein
1 Stg	Porree
2	Zwiebeln, groß
1 Ds	geschälte Tomaten
1	Paprika, grün
1	Mohrrübe, groß
¼ Kn	Sellerie
400 ml	Gemüsebrühe
1 Bd	Petersilie
1 Tl	Kümmel

Zubereitung in 15 min

Alles Gemüse kleinschneiden und mit Tomaten, Gemüsefond und Kümmel in einen Topf geben. Mit Wasser auffüllen, bis alles knapp bedeckt ist. Ohne Deckel bis zum deutlichen Aufkochen erhitzen (Herd 50%). Herd abschalten. Topf stehen lassen und Petersilie zufügen. Deckel aufsetzen und mindestens 30 min ziehen lassen.

Ratatouille

Ratatouille lernte ich zu einer Zeit kennen, in der ich vegetarischen Gerichten nichts abgewinnen zu können glaubte. Auch nicht auf Reisen.

Ich hatte den ganzen Tag über konzentriert mit französischen Kollegen in Cadarache gearbeitet, wohnte aber nicht im Gäste-Schlößchen des Forschungszentrums, sondern in Aix-en-Provence. Am Abend saß ich, alles andere als unternehmungslustig, unter den Platanen des Cours Mirabeau in einem der kleineren Restaurants.

In den achtziger und neunziger Jahren des vergangenen Jahrhunderts traf man in Aix-en-Provence außer Touristen auch noch hin und wieder einen Provencalen. Mein Ober war Provencale und er war freundlich. Ob er mir helfen könne, fragte er nachdem er interessiert zugeschaut hatte, wie ich die Speisenkarte, sie war nicht sehr lang, vor- und zurück wendete. „Mais bien sûr!" Mein Französisch wäre mit ‚marginal' noch freundlich bewertet.

Wort- und gestenreich erzählte er mir, was er selbst am liebsten äße und was ich deswegen bestellen solle. Ich verstand nur die Hälfte, aber für ‚grandmére' und ‚ce très bon a manger' und Rattert-Irgendwas, reichte es und er war wirklich sehr freundlich.

Ich nickte ihm zu. „D'accord. Merci bien, Monsieur." Er erwiderte mein Nicken wohlwollend und entschwand Richtung Küche.

Eine halbe Stunde lang saß ich erwartungsvoll bei meinem Ballon de vin rouge. Meine Kollegen hatten mir erzählt, daß Wartezeiten von einer halben Stunde und mehr auf frisch zubereitete Speisen schließen lassen. Also Geduld!

Während des Wartens erinnerte ich mich an eine Anekdote zur französischen Küche und wie häufig die Lust zu "Fleisch und Fraß" schon Weltgeschichte gemacht hatte.

'So wäre Frankreich 1815, nach der endgültigen Niederlage Napoleons bei Waterloo, an den 750 Millionen Franc, die es der Besatzungsarmee zahlen mußte, zugrunde gegangen, wenn nicht seine Köche so gut gewesen wären, daß dieselbe Besatzungsarmee für 1500 Millionen Franc fraß, so daß Frankreich mit seiner Niederlage noch ein gutes Geschäft machte. Ein Sieg Frankreichs wäre dem Staat, wie so oft, teurer gekommen'.

Als mir der mitteilsame Ober schließlich das Gericht seiner Großmutter servierte, kostete ich ein leichtes, würziges Gemüsegericht, dessen Zutaten ich nicht kannte, das aber stimmungshebend war, wunderbar schmeckte und das ich mit steigendem

Genuß verdrückte. Es war ein schöner Abend, nicht nur wegen des hervorragenden Essens.

Der erste Versuch des Nachkochens zu Hause endete mit totalem Wegschmiß. Meistens ließen sich meine Fehlschläge wenigstens noch essen, was ich diesmal aber produziert hatte, war ungenießbarer Gemüsemansch.

Schließlich führte oft wiederholtes Probieren aber doch zu einem annehmbaren Ergebnis.

Man darf eine wörtliche Übersetzung eben nicht für bare Münze nehmen. Ratatouille ist im Provençalischen zusammengesetzt aus ‚rata‘ = Fraß und ‚touiller‘ = rühren, umrühren.

Nimmt man einschließlich der Tomaten nur frische Zutaten und stimmt die Garzeiten nach gesundem Menschenverstand gut auf die einzelnen Gemüsesorten ab, ist dies schon die halbe Miete.

Zubehör: tiefe Pfanne

Zutaten:

1	kleine Aubergine
1	Zucchini
½	rote Paprika
1	große rote Zwiebel
500 g	Tomaten
1	Knoblauch (s. Seite 109)
1 El	Balsam-Essig
1 Tl	Pfeffer, schwarz, frisch gemahlen
1 Msp	Safranfäden

Zubereitung in 45 min

Tomaten einritzen und kurz in kochendem Wasser blanchieren. Haut abziehen, Stielansatz entfernen und klein schneiden. Auberginen waschen, schälen und in mundgerechte Würfel schneiden. Auf Backblech oder Alufolie legen, schwach salzen, mit Olivenöl beträufeln und mit der Knoblauchknolle etwa 25 min im Backofen bei 190 °C Umluft backen. Alle 5 Minuten Farbe kontrollieren. Nicht dunkel werden lassen!

In der Zwischenzeit die Zwiebel schälen. Längs-, dann quer, dann längs kleinschneiden. Paprika waschen, teilen und in Streifen schneiden. Zucchini waschen, Enden ab- und den Rest in dünne Scheiben schneiden.

Die Zwiebeln in der Pfanne in Olivenöl etwa 5 min andünsten. Paprika, Zucchini und die Tomaten dazugeben alles vorsichtig umrühren. Deckel drauf und bei kleiner Hitze ca. 25 min schmoren. Alle 5 min den „Biß" kontrollieren. Die Zucchini sollten noch nicht ‚schlapp' werden.

Den Safran mit ein wenig Salz im Mörser verreiben, mit 1 El kochendem Wasser übergießen und dazugeben. Auberginenwürfel und den Knoblauch hinzufügen und unterheben. Mit frisch geriebenem schwarzen Pfeffer und Balsam-Essig abschmecken.

Falls das Ratatouille noch suppig ist, bei offenem Deckel reduzieren. Dabeibleiben und zusehen ist langweilig, aber notwendig. Zwei Minuten zu lange und das Resultat schmeckt angebrannt. Auf dem Teller sollte bis auf die Tomaten jedes Gemüse noch erkennbar sein.

Zwiebelsuppe

1962 war ich zum erstenmal in Paris. Damals war der Bauch von Paris, die Hallen, noch in der Innenstadt und auch die weltberühmten Zwiebelsuppen-Kneipen „Le chien qui fume" und „La vache qui rit".

Ich hab' sie noch erlebt, die sagenhafte, die friedliche Paarung: den Hallenarbeiter mit dem vom Schleppen der Schweinehälften blutigen Kittel neben den „Herrschaften" in Abendgarderobe. Nachts gegen ein, zwei Uhr muß das gewesen sein. Sie standen nebeneinander, redeten miteinander. Keine Aggression, keine geballten Fäuste. Karl Marx hätte sich sehr gewundert.

Wie eine Soupe à l'oignon parisienne schmecken muß, lernte ich dort nachhaltig. Das nachfolgende Rezept habe ich aber nicht aus Paris, sondern von der Köchin einer Berliner Abendkneipe (benannt nach einem berühmten Ballett) in der Nähe der Deutschen Oper.

Zutaten:

2	Gemüsezwiebeln
1 El	Knoblauch (siehe Seite 109)
½ Bd	Petersilie
1 El	Butter
3 El	Olivenöl
2 El	Mehl
400 ml	Fond (Gemüse, Rind oder Huhn. Ausprobieren!)
80 ml	trockener Weißwein
2	Scheiben Baguette
80 g	geriebener Käse zum Überbacken; mir schmeckt Peccorino am besten
½ Tl	Salz
1 MSp	schwarzer, frisch gemahlener Pfeffer

Zubereitung in 50 min

Fond kurz aufkochen, beiseite stellen.

Zwiebeln in Ringe schneiden. Knoblauch und Zwiebeln in einem großem Topf in Butter und Öl in ca. 20 Minuten glasig dünsten (Herd 40 %). Dann mit dem Mehl bestäuben und anschwitzen (unter ständigem Rühren leicht braun werden lassen). Mit dem heißen Fond ablöschen (auffüllen). Weißwein zugeben und alles kurz aufkochen. Salz und Pfeffer zugeben (aber dosiert;

immer wieder probieren) und ca. 15 Minuten köcheln lassen (Herd 30%).

In der Zwischenzeit das Baguette in schräge Scheiben schneiden und in der Mikrowelle (Grillfunktion) oder in der Pfanne toasten. Rinde entfernen und die Scheiben in Stücke brechen.

Backofen auf ca. 200 °C vorheizen. Suppe in Suppentassen füllen, Baguettebrocken vorsichtig (nicht eintunken) auf die Suppe legen und geriebenen Käse drüberstreuen. Suppentassen in den Backofen stellen und bei 200 °C goldbraun überbacken.

Vorsicht beim Herausnehmen; Topflappen verwenden!

Petersilie waschen, trocken tupfen, fein hacken und dekorativ über die Suppe streuen.

＊

Paella

Der Name des spanischen Nationalgerichts ist aus dem Lateinischen patella = große Platte aus Metall, abgeleitet. Der Tennis spielende Mensch hört 'patella' und denkt sofort an seine schmerzende Kniescheibe. Falsch assoziiert, hier geht's um den Genuß eines weiteren berühmten Restegerichts.

Zwei Urlaube in Spanien und mehrere Dienstreisen nach Madrid. Dennoch habe ich Paella nie in Spanien gegessen. Auch nicht in spanischen Restaurants in Deutschland. Als mich aber das Thema "Berühmte Restegerichte" zu interessieren begann, stieß ich sehr rasch auf die Paella.

In Valencia soll sie erfunden worden sein und es soll wer-weiß-nicht-wie viele Variationen geben. Eben dies ist das gemeinsame Merkmal aller nationalen Reste-Rezepte: es gibt ihrer jeweils unglaublich viele.

Ich hab' mir ein Rezept im Netz rausgesucht, es ausprobiert, geändert noch und nöcher, bis schließlich das folgende dabei herausgekommen ist. Ob es eine typische Paella ist, sei dahingestellt.

Die Paella ist ein typisches Viel-Personengericht, dessen Zubereitung für nur einen, oder auch zwei Esser nicht sinnvoll ist (was für die meisten der in diesem Buch beschriebenen Eintopf-Gerichte zutrifft).

Abweichend von den bisherigen Beschreibungen sind im folgenden keine Mengen angegeben.

Zutaten:

Fleisch von Geflügel, evtl. auch Kaninchen
Meeresfrüchte
Geflügelfond, Olivenöl
Tomaten gehackt
Grüne und weiße Bohnen
Paprika, rot
Knoblauchzehen
Langkorn-Reis und Safran mit Salz

Zubereitung:

Olivenöl erhitzen, Meeresfrüchte anbraten und herausnehmen. Fleisch an- und garbraten, Knoblauchzehen zugeben und etwa 2 min ziehen lassen. Gehackte Tomaten, grüne Bohnen und roten Paprika zugeben und ca. 10 min schmoren. Safran mit Salz im Mörser zerreiben, zugeben und vermengen. Reis darüber streuen und mit Geflügelfond angießen. Nicht mehr umrühren. In kurzen Abständen Proben vom Reis nehmen. Sobald dieser körnig-gar ist, Pfanne von der Platte nehmen und ca. 10 min zugedeckt ruhen lassen.

UND WO BLEIBT DER KÄSE?

„Wie soll man ein Land regieren, das 325 Käse hat?", fragte Charles de Gaulle (1890-1970).

"Ein Mahl ohne Käse ist wie eine schöne Frau mit nur einem Auge", behauptete Jean Anthelme Brillat-Savarin (1755-1826).

Der Erstzitierte ist der Berühmtere, der Zweitgenannte der Kompetentere.

Wovon reden die beiden? Von einem Genuß, der einem angeblich "den Magen schließt". Das zumindest erklärten unisono meine Mutter, die damit Tilsiter und Edamer am Stück meinte, und Fräulein Erica Pappritz, das wahrscheinlich von ihrem letzten Urlaub in Frankreich träumte.

Bei uns zu Haus' gab's allenfalls noch den BabyBel in der roten Wachsschicht. Das war der einzige Käse, den ich mochte. Die anderen beiden waren schmierig oder rochen streng: Berliner Käse-Kultur in den Fünfzigern des letzten Jahrhunderts.

Und heute?

Der Anblick einer wohl sortierten Käseplatte (ca. 80g/Person) ist ein Genuß an sich (die üblichen Garnierungen mit Weintrauben sind nur störend). Guter Käse reizt die Geschmacksnerven schon durch seinen Anblick und seinen Duft.

Beim Verkosten von Wein darf, soll man schlürfen. Also, schließe ich unwiderlegbar, darf man Käse erschnüffeln! Natürlich nicht mit dem verschnupften Zinken dicht am Käse, sondern nach alter Chemiker-Sitte, indem man sich den Duft mit der Hand zuwedelt.

Guter Käse ist teuer, leider. Aber nachvollziehbar teuer, wenn man sich den Aufwand seiner Herstellung vergegenwärtigt. Den Ausweg aus diesem Dilemma weist aber nicht das Käse-Sonderangebot im Supermarkt, sondern die Reduzierung auf weniger, dafür aber geschmacklich hochwertigen Käse. Weniger, aber besser! Welche Sorten einem besonders liegen, muß ein jeder selbst herausfinden. Meine besondere Vorliebe gilt Käse aus Ziegen- oder Schafsmilch.

Wenn man eine sorgfältig zusammengestellte Käseplatte herum reicht, wird man erleben, wie die lieben Freunde den Käse auf ihre Teller schnippeln und in beliebiger Reihenfolge verzehren.

Manche fangen mit dem deftigen Harzer an und enden beim sanften Brie. Denen schmeckt aber garantiert alles nach Harzer und so braucht man dann beim nächsten mal nur noch Harzer.

Im Ernst: Da der Gastgeber seine Käse am besten kennt, sollte er sie seinen Gästen nach der Dominanz ihres Geschmacks angeordnet anbieten. Sie wären dann im Uhrzeigersinn plaziert: Bei 1 Uhr läge der Käse mit der sanftesten Geschmacksnuance und bei 23 Uhr der strengstduftend und schmeckende "Stinkekäse".

Man kann die Käseplatte aber auch unter ein „Thema" stellen, z.B. Milchart, Herstellungsart, Land oder Region. Ein paar geschickt angebrachte Worte zur Reihenfolge werden sicher nicht übelgenommen. Dazu ein leichter Rotwein und gutes Weißbrot (mit einer Bemerkung über dessen geschmacks-neutralisierende Wirkung) können so manches „Aha-Erlebnis" bewirken.

Ich kaufe Käse möglichst unverpackt und ausschließlich "am Stück". In Scheiben geschnittener Käse trocknet rasch aus. Durch sein in Supermärkten zusätzlich oft "aufgefächertes" Angebot wird dieser Effekt nach Öffnen der Packung sogar besonders beschleunigt.

45 % Fett i.Tr.! Oh Schreck! Der eben gekaufte Käse besteht fast zur Hälfte aus Fett. Falsch: "i.Tr." heißt „in der Trockenmasse". Ein echter Camembert de Normandie mit „45 % Fett i.Tr." enthält im richtigen Reifezustand mehr als 50 % Feuchtigkeit. Somit sind in 100 g Camembert nicht 45 g Fett, sondern lediglich ca. 22 g leicht verdauliches Milchfett enthalten.

Eine grobe Qualitäts-Orientierung liefert die Bezeichnung "Appelation d'Origine Contrôlée (AOC)". Sie wird in Frankreich als

Garantie für ein Qualitätsprodukt aus einer bestimmten Region, hergestellt nach altbewährten Produktionsmethoden, vergeben.

AOC wird für Weine, Branntweine, Molkerei- und landwirtschaftliche Produkte vergeben. Die Vergabe ist seit 1919 gesetzlich geregelt. Es gibt weniger als 50 AOC-Käse. Daß sie „besser schmecken" als andere, ist nicht Gegenstand der Garantie, wohl aber ihre Herstellung (und teurer sind sie allemal).

Seit 2009 wird AOC zunehmend durch das europäische Gütezeichen AOP (Appelation d'Origine Protegée) ersetzt.

Käse-Aufbewahrung

Weichkäse sollte nicht zu kalt werden, weil sonst der Reifeprozeß gestoppt wird und der Geschmack dahin ist. Falls sonst kein kühler Ort verfügbar ist, wäre das Gemüsefach der richtige Platz. Der Käse sollte vorher in Pergamentpapier und in ein feuchtes Tuch eingewickelt wer-den. Niemals eine luftdicht schließende Dose oder ähnliches verwenden! Der Käse muß "atmen" können.

Schnittkäse sollte etwas wärmer (ca. 10 - 12 °C) aufbewahrt werden. Eine Käseglocke an einem kühlen, luftigen Ort ist dafür gut geeignet.

Trick: ein kleiner Becher Weißwein unter der Glocke hält ihn fabelhaft frisch.

Für Hartkäse gilt dasselbe wie für Schnittkäse, doch sollten größere Stücke in ein mit Weißwein getränktes Tuch eingewickelt werden.

Edelpilzkäse sollten kühl gelagert werden. Man wickelt sie in Alufolie ein, die man mit einer Gabel mehrfach einsticht.

Zum Verzehr sollte man den Käse eine Stunde vorher aus dem Kühlschrank holen, damit sich der volle Geschmack entfalten kann. Ganze Stücke auf das Käsebrett legen, damit er nicht

austrocknet. Zuerst die milden Sorten essen (siehe oben: Empfehlung zur Anordnung).

✳

Käse-Sorten

Appenzeller: im Schweizer Kanton Appenzell hergestellter
Schnittkäse aus roher Kuhmilch (Appenzeller ist seit 1300 n.
Chr. bekannt)

Camembert aus der Normandie; AOC

Chaumes: Käse aus der Dordogne (wird ohne Rinde gegessen)

Cheddar: kräftig gelber Käse aus Schottland

Cheshire *(white!):* dieser Käse kommt aus Chester in der Graf
schaft Cheshire. Er wurde schon zur Zeit der Römerherrschaft
nach Rom exportiert.

Comté (AOC): Hartkäse aus Rohmilch (Kuh) aus den Bergen
des Jura (auch Gruyère du Comté genannt), einer der belieb
testen Käse Frankreichs. In den Alpen hergestellter Comté
heißt *Greyerzer.*

Époisses *(AOP):* Französischer Kuhmilch-Käse aus der Gegend
von Époisses (Bourgogne). Wird während des Reifens dreimal
pro Woche von Hand mit einer Salzlake mit einem Trester
brand (Marc de Bourgogne) gewaschen. Riecht teuflisch,
schmeckt himmlisch.

Schafskäse ist mein Leib- und Magen-Lieblingskäse! Mein
Credo beim Kauf: Immer aus Korsika, niemals aus Bulgarien!
Ein fester Schafskäse, der frisch gerieben sehr gut zu Spaghetti (nicht nur a la Bolognese) paßt, ist der Peccorino. Er
kommt aus Italien.

Manch billigeren Käsen wird Kuhmilch beigemischt.

Reine Schafsmilch-Käse tragen den Zusatz "tutto di latte di pecora" oder "pecora completo". Pecorino romano aus dem mittelitalienischen Latium war schon vor über 2000 Jahren Bestandteil der Nahrungsration römischer Legionäre.

Das ultimative Rezept

Wer mir bis hierhin gefolgt ist, fand die eine oder andere Anregung wohl nützlich genug, um weiterzulesen. Andernfalls wäre das Buch längst in der Tonne gelandet.

Wem nun aber vieles schiefgegangen ist, der sollte dennoch nicht verzagen. Ich hatte beim Kochen so manches mal "die Schnauze voll" und war irgendwann an eben dem Punkt angelangt, den das folgende 'Rezept' beschreibt.

Dieses ultimative Anti-Frust-Rezept ist absolut fehlertolerant und in seiner Wirkung wortwörtlich umwerfend.

Zutaten:

Man kaufe eine Gans von ca. 5 kg Gewicht für 4 Personen und eine Flasche Whiskey der besseren Sorte für 1 Person. Dazu Salz, Pfeffer, Olivenöl und Speckstreifen.

Zubereitung in mehreren fröhlichen Stunden:

Gans oben, unten, links und rechts salzen und pfeffern. Olivenöl und Speckstreifen dem Nachbarn schenken. Nach diesen anstrengenden Vorbereitungen ein Glas Whiskey auf gutes Gelingen trinken, die Gans auf einem Bratrost in den auf 200 °C vorgeheizten Backofen schieben und 20 Minuten warten. Die Wartezeit mit zwei Gläsern Whiskey überbrücken.

Den Ofen jetzt auf 250 °C stellen, damits orntlich brummt. Obersten Kragenknopf öffnen und drei Whiski einschenkn.

Nach eimer Schdunde Ofen öffnen, Viech wenden unn weiter übawachn. In dieser Zeit die Wisskieflasche ergreifen unn sich eins hinner die Binde kippen.

Nachner weiteren albernen Schdunnde langsam zum Ofn hinschlendern unn die Gansss nochma umkippn.

Darauf achnn, sisch nisch die Hand ßu vabrenn an die Schaiss-Ofenklapp.

Sisch weidere füff oda siebm Wixki innem Glas dunn un inhaliehrn.

Die Jans weehrent drrai Schdunndn (is auch egal!) weiderbrenn unn alle ßehn Minud'n pinkeln. Danach imma n Schlugg ausse Pulle nehm.

Wenn ürntwi möchlisch, ßu'e Jannß hinkriesche unn den Ofen aus'm Viech ziehn. Nochmal ein Schlugg genehmjen und anschließnd wida fasuchen, das Biest rauszukriejn.

Den vadammtn Vogel von'nen Boden uffhebn unn uff'ner Bladde hinrichtn. Dabei uffbasse, dass nit Ausrutschn auff'm schaissfettichn Küchnbodn.

Wenn sischs droßdem nit fameidn lesst, vasuchn wida auffsuschdehnnodersohisallesjahscheißejahl ......

Ein wenig schlafen!

Am nächsten Morgen die Rufnummer des ärztlichen Notfalldienstes bereitlegen und die Gans mit zwei Flaschen Ketchup sowie einer Packung Aspirin kalt essen.

FAKTEN UND DATEN

Ein Kapitel wie dieses findet sich üblicherweise im Anhang (wo es kaum jemand liest). Für das Verständnis dessen, was dieses Buch erzählt, ist aber die Kenntnis einiger Grundfakten notwendig. Viele Menschen kennen sie, viele Menschen kennen sie nicht.

Weshalb gibt es in diesem Buch, das kein Kochbuch sein will, keine *Bilder*? Bilder von fertigen Gerichten habe ich nur in Japan, dort aber in jedem Restaurant-Schaufenster gesehen. Nicht ein einziges hat der Realität entsprochen. Bestellt habe ich immer das, was einer der japanischen Menschen am Nachbartisch vergnügt löffelte. Auch Bilder in Kochbüchern haben mit dem, was wir beim Nachkochen des zugehörigen Rezeptes schließlich auf dem Teller sehen, nichts gemein.

Mengenangaben gelten für zwei Personen. Ausnahmen sind unter „Zutaten" angegeben.

Zubereitungszeit ist die in der Küche aktiv erforderliche Zeit. Falls also ein Gericht zwei Stunden vor sich hinköchelt, ist diese Zeit nicht berücksichtigt. Zeitangaben (soweit genannt) sind mit Unsicherheiten behaftet; Abweichungen von 10 % nach oben oder unten sollten einkalkuliert werden.

Kochtemperatur: Angaben zum Maß der Wärmezufuhr (Hitze) sind unverzichtbar für jeden Brat- und Kochvorgang. Leider gibt es hierfür keinen Standard. In diesem Buch wird von der Verwendung eines Elektroherdes mit Ceran-Kochplatten ausgegangen. Ceranfelder erreichen ca. 600 °C und dementsprechend ist auch der Regelbereich der Herde skaliert. Die Einstellknebel haben meist die Stufen 1 bis 6. Leider ist aber Herd nicht gleich Herd. Daher ist es sinnvoller, von der jeweils prozentualen

Kochfeld-Temperatur auszugehen. Daher sind auch die Temperaturstufen in diesem Buch in % angegeben (grobe Richtwerte).

Leistung E-Herd
(Drehschalter)

20 % ~ Stufe 1
30 % ~ Stufe 2
50 % ~ Stufe 3
70 % ~ Stufe 4
90 % ~ Stufe 5
100 % ~ Stufe 6

Kochzeit: Recht lang folgte ich der Devise "Maximale Hitze zu Beginn, dann moderat weitermachen!" Heute verfahre ich ganz anders: Selbst beim anfänglichen Erhitzen steht der Knebel am Herd nur auf 50%. Seitdem ist mir nie wieder Fett schwarz geworden.

Scharfes Anbraten habe ich längst aufgegeben, weil offensichtlich unsinnig /TB1/. Damit schone ich auch meine Pfannen und Töpfe, die ich seitdem nie mehr mühselig von harten Rußkrusten befreien mußte.

Über die Vor- und Nachteile des Garens bei niedrigen Temperaturen gibt es eine umfangreiche Literatur. Zu dessen Anhänger bin ich durch Erfahrung geworden. Die wenigen Nachteile (höherer Zeitbedarf, weniger 'natürliche' Sauce, etc) nehme ich in Kauf. Außerdem verbinde ich mit den Worten "köcheln" oder "sieden lassen" ein angenehmeres 'feeling', als mit 'scharf anbraten'. Esoteriker? Ich? Nee! Ganz sicher gar und überhaupt nicht!

Die seltenen *Firmen- und Produktnamen* sind in diesem Buch groß geschrieben. Ihre Nennung beruht entweder auf guter oder schlechter eigener Erfahrung. Sie sollten also immer unter Vorbehalt gelesen werden.

Wasser ist für die Zubereitung von Speisen unverzichtbar, falls diese über den Fleischspieß über dem Feuer hinausgehen soll. Wir beziehen unser Wasser aus der der Wasserleitung, dessen Qualität wir hinnehmen müsse. Was bedeutet Wasserqualität? Generell natürlich dessen Unbedenklichkeit in gesundheitlich-medizinischer Hinsicht. Die ist, laut amtlicher Angabe, noch gewährleistet. Hinsichtlich des Kochens ist aber die Wasserhärte, das heißt sein Gehalt an Calcium-Carbonat ($CaCO_3$) wichtig: Je höher, desto härter. Hartes Wasser ist nicht schlecht, verlangt aber besondere Sorgfalt bei der Behandlung von Wasserkochern, Kaffeemaschinen und Töpfen, Pfannen, Gläsern. Beim Kochen, insbesondere von Hülsenfrüchte und Gemüsen, sollte man den Härtegrad des in der Küche verfügbaren Wassers kennen und berücksichtigen.

Gesamthärte [°dH]   Wassercharakter

>	8,4	weich
	8,4 bis 14	mittelhart
<	14	hart

° dH - deutsche Härtegrade

Maße und Gewichte

1 kg = 1000 g

     500 g = ℔ 1   für unverbesserliche Nostalgiker !

1 l = 1000 ml

Siedetemperaturen   [°C]

Wasser	100
Leinöl	350
Rapsöl	200
Olivenöl	180

Der **Rauchpunkt** ist die Temperatur, bei der ein Öl oder Fett beim Erhitzen zu rauchen beginnt. Alle Pflanzen- und Speiseöle besitzen individuelle Rauchpunkte. Deren Höhe ist abhängig vom Anteil an freien Fettsäuren im Öl. Je höher der Rauchpunkt, desto besser ist das Öl zum Braten und Frittieren geeignet. Öle mit niedrigem Rauchpunkt sollte man nicht oder nur sehr kurz erhitzen.

Rauchpunkt-Temperaturen   [°C]

Leinöl	350
Rapsöl	220
Butterschmalz	205
Butter	ca. 175
Distelöl	150
Olivenöl, kaltgepresst	130-175
Schweineschmalz	121-218

Abkürzungen

Bd	-	Bund
Bl	-	Blatt, Blätter
Bt	-	Beutel
Ds	-	Dose
El	-	Eßlöffel
g	-	Gramm
h	-	Stunde
kg	-	Kilogramm

Kn	-	Knolle
l	-	Liter
min	-	Minute
ml	-	Milliliter
Msp	-	Messerspitze
Sch, Sb	-	Scheibe
sec	-	Sekunde
Stg	-	Stange, Stengel
Stk	-	Stück
T	-	Tasse, ca. 150 ml
Tl	-	Teelöffel
Zw, Zwg	-	Zweig

<u>Kerntemperaturen   [°C]</u>
(well done)

Ente	85
Gans	90
Hähnchen	80
Schweinefilet	65
Rinderfilet	65
Rinderbraten	80
Tafelspitz	90
Rinder-Rouladen	65
Lamm	80
Rehbraten	75
Wildschweinbraten	75
Fisch	60

Haltbarkeit von Ölen

Ölsorte	Monate	Ort
Distel	9	kühler Raum
Lein	4	Kühlschrank
Olive	12	kühler Raum
Raps	12	Kühlschrank
Sonnenblume	9	kühler Raum
Traubenkern	18	Raum

LITERATUR

/AWA/ Asserate, Asfa Wossen
  Manieren
  Eichborn, 2003
  ISBN 3-8218-4739-5

/BRI/ Brillat-Savarin, Jean Anthelme (1825)

/DAV/ Davidis-Schulze
  Das neue Kochbuch für die deutsche Küche
  Hsg.: Ida Schulze
  Velhagen & Klasing, 1933

/DUM/ Dumont, Cédric
  Kulinarisches Lexikon
  Hallwag Verlag, 1998
  ISBN 3-444-10499-5

/Ell/ Ellen, Mary
  Geranien & Kaffeesatz
  Delphin Verlag, 1980

/FIS/ Das große Buch der Fische & Meeresfrüchte
  Könemann, 2000
  ISBN 3.8290-3998

/PUR/ Purle, Torsten
  Kraeuterbuch.de, 2017

/TB1/   This-Benckhard, Hervé
          Rätsel der Kochkunst - Naturwissenschaftlich er-
          klärt
          Piper Verlag GmbH, 1999
          ISBN: 3-492-22598

/TB2/   This-Benckhard, Hervé
          Kulinarische Geheimnisse - 55 Rezepte, natur
          wissenschaftlich erklärt
          Piper Verlag GmbH, 1999
          ISBN 3-492-22774-0

/TUN/   Tung-Sheng-Liu (Akademie der Wissenschaften
          Peking)
          Nature Bd. 437, S. 967, 2005

/WES/   Westphal, Wilhelm H.
          Deine tägliche Physik
          Ullstein, 1961

/WIK1/   https://de.wikipedia.org/wiki/spinat

/WOL/   Wolke, Robert L.
          Was Einstein seinem Koch erzählte – Naturwis
          senschaft in der Küche -
          Piper Verlag GmbH, 2003
          ISBN 3-492-04496-4

/VAS/   Das echte Gulyàs
          www.essensgut.de/?p=186

REZEPT- UND STICHWORTVERZEICHNIS